Alina Stradecka

Rezepte der polnischen Küche

Rezepte der polnischen Küche

Alina Stradecka

Verlag für die Frau

Stradecka, Alina:
Rezepte der polnischen Küche/
Erarb.: Alina Stradecka. Krystyna Świboda (Übers.).
Leipzig: Verlag für die Frau;
Warszawa: Interpress, 1988.
ISBN 3-7304-0158-0
NE: HST

ISBN 3-7304-0158-0

Übersetzung: Krystyna Świboda
1. Auflage 1988

Redaktionelle Bearbeitung: Redaktion Hauswirtschaft,
Verlag für die Frau, Leipzig, DDR
Grafische Gestaltung und Illustrationen:
Lore Jacobi, Leipzig
Fotos: Heinz Schütze, Leipzig
Arrangement: Lore Jacobi, Rosita Michaelsen
Anrichten der Speisen: André Wadewitz, Leipzig
Zubereitung des Backwerks: Günter Liebethal, Leipzig
Lichtsatz: INTERDRUCK Graphischer Großbetrieb Leipzig –
III/18/97
Druckgenehmigungsnummer: 126/405/43/88
LSV 9229
Bestellnummer: 673 254 9
00780

Inhalt

Die Anfänge der polnischen Küche reichen in ferne Zeiten der alten Slawen zurück. Natürlich entwickelte die Bevölkerung im Laufe der Jahrhunderte ihre eigenen, nur für sie typischen Gerichte. Die altpolnische Küche, die die kulinarischen Traditionen des Adels, der Bürgersleute und der Bauern in sich vereinte, war für ihre Schmackhaftigkeit und Mannigfaltigkeit bekannt. Die Rezepte für viele dieser Speisen haben sich bis heute fast nicht verändert, besonders für jene, die zu Weihnachten und Ostern auf polnischen Tischen auftauchen. Außer den populären und im ganzen Land gern genossenen Speisen gibt es in jeder Region Polens beliebte Leckerbissen, deren Rezepte von Generation zu Generation weitergereicht werden. Die in diesem Kochbuch zusammengestellten Rezepte präsentieren die typischsten Gerichte der polnischen Küche. Ihre Zubereitung ist einfach und der Geschmack garantiert vortrefflich. Wir hoffen, daß diese Spezialitäten, die auch den verwöhntesten Gaumen reizen können, in vielen Haushalten Eingang finden werden.

Suppen

Barschtsch mit Öhrchen

Etwa 500 g rote Rüben, 1 Schwarzbrotscheibe, 2 Möhren, 1 große Petersilienwurzel, 1 Porreestange, ¼ Sellerieknolle, 1 Zwiebel, 2 getrocknete Pilze, Salz, Zucker, Pfeffer, Lorbeerblatt und Piment.
Öhrchen: 200 g Mehl, 1 Eigelb, 50 g getrocknete Pilze, 1 Zwiebel, 1 Eßlöffel Fett, Semmelbrösel, Salz, Pfeffer.

Einige Tage zuvor das Rote-Rüben-Sauer aufsetzen: Die gewaschenen und geschälten Rüben in dünne Scheiben schneiden, in ein Glasgefäß schichten und mit abgekochtem lauwarmem Wasser auffüllen. Eine Schwarzbrotscheibe und ¼ Teelöffel Zucker, eventuell auch eine kleine Knoblauchzehe hinzufügen. Das Gefäß mit Gaze abdecken und warm

stellen. Nach einigen Tagen die leicht vergorene Flüssigkeit in ausgebrühte Flaschen füllen, verkorken und an einem kühlen Ort aufbewahren. Je nach Bedarf zu Suppen oder kalten Getränken verwenden.
Das gewaschene und geputzte Gemüse kleinschneiden, mit kaltem Wasser auffüllen, die vorher eingeweichten getrockneten Pilze hinzufügen und nach dem Aufkochen salzen. Auf kleiner Flamme zugedeckt leise kochen lassen. Die Gewürze sowie die über der Gasflamme oder in einer trockenen Pfanne gebräunte Zwiebel dazutun. Die fertige Brühe durchseihen und eine entsprechende Menge Rote-Rüben-Sauer hinzugießen (nicht mehr kochen, da der Barschtsch sonst die Farbe verliert). Mit Salz und einer Messerspitze Zucker abschmecken. Den Barschtsch in Suppentellern servieren, vorher auf jeden einige Öhrchen geben.

Öhrchen

Füllung: Die getrockneten Pilze gründlich waschen, mit abgekochtem Wasser auffüllen, einige Stunden einweichen und dann im selben Wasser zugedeckt kochen. Die weichen Pilze herausnehmen, fein hacken oder durch den Fleischwolf drehen. Die gehackte Zwiebel im Fett anbraten, die Pilze dazutun, mit Salz und Pfeffer abschmecken und etwas Semmelbrösel (etwa 1 Eßlöffel) hinzufügen, damit die Füllung entsprechend fest ist.
Teig: Aus Mehl und Eigelb einen weichen elastischen Teig kneten, dabei etwas Wasser und eine Messerspitze Salz hinzufügen. Den Teig dünn ausrollen und in kleine Quadrate

(4 cm × 4 cm) schneiden. Jedes Quadrat mit etwas Füllung belegen, übereck zusammenfalten, die Ränder gut andrükken. Die zwei gegenüberliegenden Ecken zusammendrükken. Die Öhrchen in kochendes Salzwasser geben. Wenn sie an die Oberfläche steigen, herausnehmen. – Diese echt polnische Suppe wurde einst aus sog. Rübenkraut gekocht. Damals hatte sie nicht die schöne rubinrote Farbe. Aber seit dem 16. Jahrhundert wird der Barschtsch aus roten Rüben zubereitet, und das Rezept für das Säuern von roten Rüben hat sich seit jener Zeit fast nicht geändert.

Barschtsch mit Röhrenknochen

Etwa 600 g Rindfleisch mit Markknochen, 500 g rote Rüben, 1 Zwiebel, etwa 1 Glas Rote-Rüben-Sauer (siehe voriges Rezept), 1 Eßlöffel Mehl, ⅛ l Sahne, frischer oder getrockneter Dill, Salz, Pfeffer, Lorbeerblatt, Piment.

Das Fleisch waschen, mit kaltem Wasser übergießen, salzen und auf kleiner Flamme zugedeckt kochen. Nach einiger Zeit die Gewürze und die ohne Fett gebräunte Zwiebel hinzugeben. Die gewaschenen, geschälten und in dünne Scheiben geschnittenen Rüben in einem gesonderten Gefäß mit kaltem Wasser übergießen, etwa 30 Minuten kochen, dann vom Feuer nehmen und zugedeckt stehen lassen. Die fertige Brühe durchseihen und das Wasser von den Rüben dazutun. Mit Salz, Pfeffer und Rote-Rüben-Sauer (oder Zitronensaft) abschmecken. Das Mark aus den Knochen lösen, mit Mehl zerreiben und zur Suppe geben. Die Suppe unter ständigem

Rühren kurz kochen, damit keine Klümpchen entstehen. Zum Schluß die Sahne dazugießen, das von den Knochen gelöste und in Stücke geschnittene Fleisch hinzufügen. Den Barschtsch mit gehacktem Dill bestreuen. – Diese schmackhafte, originelle und sehr beliebte Suppe wird heute häufig mit gesondert gekochten Kartoffeln serviert und kann als vollständiges Mittagessen dienen.

Barschtsch auf Małopolska-Art

250 g Wurzelwerk (Möhren, Petersilie, Porree und Sellerie), 300 g rote Rüben, 1 Stückchen Räucherfleisch oder geräucherter Schinkenspeck, 300 g Kartoffeln, 250 g Weißkohl, 1 getrockneter Pilz, 200 g gekochte Bohnen, 4 bis 5 Tomaten (können auch tiefgekühlt sein) oder Tomatenmark, ⅛ l Sahne, 1 Eßlöffel Mehl, Salz, Zucker, Petersiliengrün.

Kohl, Möhren, Petersilienwurzel, Porree, Sellerie und rote Rüben waschen, putzen und in Streifen schneiden oder grob reiben. Mit Wasser übergießen, den vorher eingeweichten Pilz dazutun, salzen und etwa 15 Minuten kochen. Dann das Räucherfleisch sowie die geschälten und gewürfelten Kartoffeln hinzugeben. Sind alle Zutaten weich, die gesondert gekochten Bohnen mit dem Kochwasser sowie die geschmorten und durch ein Sieb passierten Tomaten oder das Tomatenmark hinzufügen. Die Sahne mit dem Mehl verrühren, unter Rühren zur Suppe geben und diese aufkochen. Den Barschtsch mit Salz, Zucker und evtl. mit Weinessig abschmecken und mit der gehackten Petersilie bestreuen. –

Diese Suppe ist auch ohne Fleisch ausgesprochen schmackhaft. Sie wird mit viel gehacktem Grün bestreut und in manchen Regionen Polens noch mit einer zerriebenen Knoblauchzehe gewürzt.

Weihnachtliche Mandelsuppe

150 g süße Mandeln, 2 bittere Mandeln, 1 Eßlöffel Butter, 1 l Milch, 3 bis 4 Eßlöffel Zucker, 50 g Rosinen.

Die Mandeln waschen, blanchieren, nach einigen Minuten abtrocknen und abziehen. In der Mandelmühle mahlen. Die Rosinen verlesen, waschen, eine Stunde einweichen, abseihen. Die Milch aufkochen, süßen, die Mandeln dazugeben und noch einmal 3 Minuten kochen. Vom Feuer nehmen und die Rosinen hineinschütten. Die Suppe heiß mit etwas körnigem Reis servieren. – Früher war Mandelsuppe ein populäres Gericht am Weihnachtsabend, besonders in wohlhabenderen Häusern. Heute haben ihr Barschtsch, Pilzsuppe und Fischsuppe den Rang abgelaufen.

Botwina

300 g mageres Schweinefleisch mit Knochen oder nur Knochen, 2 große Bund junge rote Rüben mit Blättern, 1 Bund Wurzelwerk, $\frac{1}{8}$ l Sahne, evtl. 1 Eßlöffel Butter, 1 Teelöffel Mehl, Salz, Zucker, frischer Dill, 2 Eier.

Das Fleisch waschen, mit kaltem Wasser aufsetzen, salzen und auf kleiner Flamme kochen. Nach einer Stunde das geschälte und geputzte Gemüse dazutun. Die fertige Brühe durchseihen. Die Blätter und Stiele der roten Rüben säubern, gründlich waschen, kleinschneiden und in etwas Wasser kochen oder in Butter dünsten (mit Butter wird die Suppe schmackhafter, aber gehaltvoller), dann gekocht zur Fleischbrühe geben. Die mit dem Mehl verquirlte Sahne hinzufügen und die Suppe aufkochen, mit Salz, Zucker und dem Saft einer großen geriebenen roten Rübe oder mit Rübensaftkonzentrat abschmecken. Mit viel gehacktem Grün sowie hartgekochtem und geviertelten Ei servieren. – Diese Suppe kann man auch kalt auftischen, dann muß aber die Fleischbrühe entfettet werden.

Łodzer Sauermehlsuppe

100 g Weizenkleie oder Roggenschrotmehl, 250 g Weißwurst, 1 Zwiebel, 500 g Kartoffeln, 50 g Speck, Salz, Pfeffer, Knoblauch, Lorbeerblatt.

Das Sauer für die Suppe vorher ansetzen: Das Mehl oder die Kleie in einen Steinguttopf schütten und mit 1 Liter warmem Wasser übergießen. Das Gefäß mit Gaze abdecken und einige Tage an einem warmen Ort (etwa 25 °C) aufbewahren.
Die Wurst und die gewürfelten oder in Scheiben geschnittenen Kartoffeln mit kaltem Wasser übergießen, Pfeffer und Lorbeerblatt dazutun und auf starker Flamme kochen. Sind

die Kartoffeln weich, das gründlich verrührte Sauer dazugießen. Die Suppe aufkochen und vom Feuer nehmen. Den gewürfelten Speck mit der gehackten Zwiebel auslassen und in die Suppe geben. Mit Salz, Pfeffer und zerriebenem Knoblauch abschmecken. Die Wurst herausnehmen, in Scheiben schneiden und wieder der Suppe zugeben. Die Sauermehlsuppe sehr heiß servieren. – Jede Region Polens hat eigene Rezepte für Sauermehlsuppen. Dieses hier stammt aus der Gegend von Łodz.

Sauermehlsuppe mit Räucherspeck

100 g grob gemahlenes Hafermehl oder Haferflocken, 200 g geräucherter Schinkenspeck, 1 Zwiebel, 1 getrockneter Pilz, ⅛ l saure Sahne, Salz, 1 Messerspitze Zucker, Piment, Majoran.

Das Sauer für die Suppe wie im vorigen Rezept zubereiten. Aus dem Schinkenspeck, dem vorher eingeweichten Pilz, der gebräunten Zwiebel und 2 Pimentkörnern eine kräftige Brühe kochen. Den weichen Schinkenspeck herausnehmen, in Würfel schneiden und wieder der Brühe zugeben. Das Sauer dazugießen und die Suppe einmal aufkochen lassen. Die Sahne hinzufügen und die Suppe mit Salz, Zucker und Majoran abschmecken. Dazu gesondert gekochte Kartoffeln mit Speckwürfeln servieren. – Sauermehlsuppe wird auf dem Dorf häufig zu Ostern zubereitet, wobei Wurst- oder Räucherschinkenbrühe verwendet wird. In manchen Regionen wird diese herkömmliche Speise am Ostersonntag zum Frühstück aufgetragen.

Litauische Kaltschale

1 l dicke Milch, 1 Bund junge rote Rüben mit Blättern, 1 Gurke, 1 Bund Radieschen, 1 Bund Schnittlauch, 2 hartgekochte Eier, 3 Eßlöffel gehackter Dill, Salz, Zucker, Saft von sauren Gurken.

Blätter und Stiele der roten Rüben säubern, waschen und kleinschneiden. In etwas leicht mit Gurken- oder Zitronensaft gesäuertem Wasser kochen. Die weichen Rote-Rüben-Blätter abkühlen lassen. Die Gurke schälen, halbieren und dünn hobeln, die Radieschen klein würfeln. Schnittlauch und Dill hacken. Die dicke Milch verquirlen, die abgekühlten Rote-Rüben-Blätter sowie die übrigen Zutaten hinzugeben. Mit Salz, etwas Zucker und Gurkensaft oder Rübensaftkonzentrat abschmecken. Vor dem Servieren eine Stunde in den Kühlschrank stellen. Mit hartgekochten und geviertelten Eiern auftischen. – Dies ist nur ein Rezept von vielen, die litauische Kaltschale zuzubereiten. In erlesenerer Form erfordert sie die Zugabe von Krebsschwänzen. Heute wird sie schnell aus Kefir oder Joghurt im Rührgerät mit verschiedenen Zutaten, auch mit Obst, zubereitet.

Kartoffelsuppe »Lämmerschwanz« auf Mazowsze-Art

500 g Gemüse (Möhren, Petersilienwurzel, Porree, Sellerie), 300 g mageres Hammelfleisch, 1 Zwiebel, 2 Knoblauchzehen, 1 Messerspitze getrocknetes Bohnenkraut, 500 g Kartoffeln, Salz, Petersiliengrün.

Die Knochen vom Hammelfleisch lösen, gründlich waschen, mit kaltem Wasser aufsetzen und auf kleiner Flamme kochen. Nach einer halben Stunde das in Stücke geschnittene Fleisch sowie den zerriebenen Knoblauch dazutun. Ist das Fleisch fast gar, das geputzte und zerkleinerte Gemüse und nach etwa 15 Minuten die gewürfelten Kartoffeln hinzufügen. Kurz vor dem Auftragen die Knochen und das Gemüse herausnehmen. Die Suppe mit Salz und Bohnenkraut abschmecken und mit dem gehackten Petersiliengrün bestreuen. Mit einem Stück Fleisch servieren. – Dies ist nur eine Zubereitungsart dieser in Polen populären Suppe, die in der bäuerlichen Küche ihren Ursprung hat.

Warschauer Erbsensuppe

300 g Erbsen, 250 g geräucherter Schinkenspeck, 2 Möhren, 1 Petersilienwurzel, ½ Sellerieknolle, 1 gestrichener Eßlöffel Mehl, Salz, Majoran, 2 Knoblauchzehen, 2 altbackene Brötchen.

Die Erbsen gründlich waschen und über Nacht in lauwarmem, abgekochtem Wasser (etwa 1 Liter) einweichen. Am nächsten Tag im selben Wasser kochen. Die weichen Erbsen durch ein Sieb passieren. Das Gemüse waschen, putzen und zusammen mit dem Räucherspeck kochen. Den Sud abseihen und den Erbsen zugeben. Den Schinkenspeck würfeln. Einen Teil davon mit dem Mehl in der Pfanne anbraten, zur Suppe geben und diese aufkochen. Den übrigen Schinkenspeck hinzufügen. Die Suppe mit Salz, Majoran und dem zerriebenen Knoblauch abschmecken. Die Brötchen klein würfeln und in der Röhre bräunen. Die Suppe in Suppentellern und gesondert die heißen Röstbrotwürfel auftragen.

Altpolnische Biersuppe

1 l helles Bier, 1/8 l Sahne, 3 Eßlöffel Zucker, 2 Eigelb, etwa 100 g Weißkäse.

Das Bier aufkochen, die Sahne langsam unter Rühren hinzugießen. Die Eigelb mit dem Zucker schaumig rühren, dabei löffelweise die heiße Flüssigkeit zufügen, das restliche Bier hineingießen und die Suppe nicht mehr kochen, damit die Dotter nicht gerinnen. Den Käse würfeln oder mit der Gabel zerbröckeln, auf die Teller verteilen und mit heißer Suppe übergießen. Sofort mit in Butter gebräunten süßen Weißbrotwürfeln servieren.

Weihnachtspilzsuppe

50 g getrocknete Pilze (am besten Steinpilze), 2 Möhren, 1 Zwiebel, 1 Eßlöffel Mehl, 1 Eßlöffel Butter, Salz, evtl. 1 Brühwürfel, hausgemachte Nudelflecke oder Fertignudeln.

Die Pilze gründlich in mehrmals erneuertem Wasser waschen und einige Stunden in lauwarmem Wasser einweichen. Dann im selben Wasser zugedeckt kochen. Die halbgaren Pilze salzen und die gewaschenen und geputzten Möhren hinzugeben, zum Schluß die über der Gasflamme oder in einer trockenen Pfanne gebräunte Zwiebel mit Schale zufügen. Sind die Pilze weich, den Sud durchseihen. Einen Teil der Pilze (die Stiele und kleineren Hüte) kleinhacken und in die Brühe geben. Das Mehl mit der Butter in einer Pfanne bräunen, zur Suppe geben und aufkochen. Die Pilzsuppe mit hausgemachten Nudelflecken oder Fertignudeln servieren. – Diese Suppe wird am häufigsten am Weihnachtsabend aufgetragen, besonders in Mittelpolen. Manche Hausfrauen geben etwas Speisewürze zu.

Gemüsesuppe

250 g Gemüse (Möhren, Petersilie, Sellerie, Porree), 400 g Schweineknochen, 150 g Feld- oder Gartensauerampfer, 1 Teelöffel Butter, 1 Eßlöffel Mehl, ⅛ l Milch, ⅛ l Sahne, Salz, 1 großes Bund Dill, 4 hartgekochte Eier.
Die Knochen waschen, mit kaltem Wasser ansetzen, salzen und kochen. Nach ½ Stunde das geputzte und gewaschene Gemüse dazutun. Den Sauerampfer verlesen, von den Stielen befreien, waschen und hacken. Etwas davon in die Suppenterrine geben, den Rest mit der Butter dünsten und in die gekochte, abgeseihte Brühe tun. Das Mehl mit der Milch verquirlen und zur Suppe gießen. Die Suppe aufkochen und die Sahne hinzufügen. Mit Salz und evtl. mit Speisewürze abschmecken, dann in der Terrine auftragen. Mit hartge-

kochten und in grobe Würfel geschnittenen Eiern servieren. An heißen Tagen kann diese Suppe kalt gegessen werden.

Graupensuppe

½ Hühnchen oder Hühnerklein, 1 Bund Wurzelwerk, einige Pfefferkörner und Piment, 2 getrocknete Pilze, 4 kleine Kartoffeln, 4 Eßlöffel Gerstengraupen, Petersilie oder Dill, Salz.

Das Fleisch waschen, mit Wasser aufsetzen, die vorher eingeweichten Pilze und die Gewürze hinzutun, aufkochen. Die gewaschenen Graupen hineinschütten sowie das geputzte, gewaschene und in Scheiben geschnittene Wurzelwerk hinzutun. Nach etwa 50 Minuten die geschälten und in Scheiben geschnittenen Kartoffeln dazugeben. Sind alle Zutaten weich, das Fleisch herausnehmen, von den Knochen lösen, in kleine Würfel schneiden und zur Suppe geben. Die Suppe mit gehacktem Grün bestreuen.

Sauerkrautsuppe

400 g Sauerkraut, 250 g Schweinefleisch mit Knochen, 100 g Räucherwurst, 1 Zwiebel, 200 g Gemüse (Möhren, Petersilienwurzel, Sellerie), 1 Eßlöffel Fett, 1 gestrichener Eßlöffel Mehl, 1 getrockneter Pilz, 1 Knoblauchzehe, Majoran, Estragon, Salz, Pfeffer, Piment, Lorbeerblatt.

Das Fleisch waschen und mit kaltem Wasser aufsetzen. Nach etwa 30 Minuten salzen, das geputzte und gewaschene Gemüse, den vorher eingeweichten Pilz, Piment und Lorbeerblatt hinzutun. Sind alle Zutaten weich, die Brühe durchseihen. Das Kraut nicht zu fein schneiden, mit siedendem Wasser übergießen und nicht zugedeckt kochen. Das Kraut, die in Scheiben geschnittene gekochte Möhre sowie den Pilz zur Brühe geben. Die gewürfelte Zwiebel in Fett bräunen, dann mit Mehl bestäuben, zur Suppe geben und die Suppe aufkochen. Das von den Knochen gelöste Fleisch und die in Scheiben geschnittene Wurst zufügen, die Suppe mit Pfeffer, Majoran, der zerriebenen Knoblauchzehe und Estragon abschmecken. Sauerkrautsuppe wird heiß gegessen. Dazu kann man gesondert Kartoffeln mit Speckwürfeln servieren.

Schwarzsauer auf Pomorze-Art

Frisches Blut von einer Gans oder Ente, Gänse- oder Entenklein, 1 Bund Wurzelwerk, 200 g getrocknete Äpfel, Pflaumen und Birnen, Salz, Zucker, Pfeffer, Piment, Zitronensaft oder Weinessig.

Beim Schlachten des Geflügels das Blut in einem sauberen Gefäß, in das vorher ein Eßlöffel Essig gegossen wurde, auffangen, dabei häufig umrühren, damit das Blut nicht gerinnt. Das Geflügelklein (Hals, Flügel, Magen und Herz) waschen und mit kaltem Wasser übergießen. Das gewaschene, geputzte und kleingeschnittene Wurzelwerk dazutun, salzen,

Pfeffer und Piment hinzufügen. Zugedeckt kochen. Das Obst waschen, in etwas lauwarmem Wasser einweichen und im selben Wasser weichkochen. Das Blut unter ständigem Rühren in die durchgeseihte Geflügelbrühe gießen, die Suppe aufkochen. Das Obst mit dem Sud dazutun. Man kann auch das geschnittene Geflügelklein hinzufügen. Die Suppe mit Salz, Zucker, Zitronensaft oder Essig süßsauer abschmecken. Das Schwarzsauer heiß mit Nudeln servieren; in manchen Regionen Polens wird es mit Klößchen aus Kartoffelteig aufgetragen.

Kaschubische Fischsuppe

Etwa 400 g kleine Fische, 500 g edlere Fische, 1 Bund Wurzelwerk, 1 Zwiebel, Pfeffer, Salz, Piment, Lorbeerblatt, 1/8 l Sahne.

Die Fische säubern, waschen und salzen. Aus den kleinen Fischen, dem Wurzelwerk und den Gewürzen eine kräftige Brühe kochen. Die fertige Brühe abseihen, und in den kochenden Sud die großen, in Portionen geteilten Fische geben (je eine Portion pro Person). Auf kleiner Flamme zugedeckt kochen. Ist der Fisch weich, die Suppe mit Sahne abschmecken und evtl. noch etwas salzen; um den Geschmack abzurunden, 1 Messerspitze Zucker hinzufügen. Dazu Nudeln oder Weißbrot mit Knoblauchbutter servieren.

Fleischgerichte

Schweinefilet

1 kg Schweinefilet, 150 g Dörrpflaumen, 2 Zwiebeln, 1 getrockneter Pilz, Majoran, Salz, Pfeffer, Schmalz.

Das Fleisch waschen und von den Knochen lösen. Die Pflaumen einweichen und entsteinen. Das Fleisch damit spicken, salzen, mit Majoran einreiben und 2 Stunden in den Kühlschrank stellen. Dann in stark erhitztem Fett anbraten, in einen Topf legen, pfeffern, mit geschälter und in Scheiben geschnittener Zwiebel belegen und den in Wasser eingeweichten, kleingeschnittenen Pilz dazugeben. Alles auf kleiner Flamme schmoren; wenn nötig, noch etwas Wasser zugießen. Das weiche Fleisch herausnehmen, in Scheiben schneiden und kalt oder heiß auftischen.

Österliches Pökelfleisch

2 kg Schweinerücken oder Fleisch von der Keule (ohne Knochen), etwa 80 g Salz, 5 g Salpeter, etwas Zucker, 10 g Koriander, 3 Gewürznelken, 8 Pfefferkörner, 8 Pimentkörner, 1 Teelöffel Senfkörner, 2 Lorbeerblätter, 2 Knoblauchzehen, etwa 1 l Wasser.

Zum Pökeln muß Fleisch in einem Stück verwendet werden. Das gewaschene Fleisch mit der Hälfte der zerstoßenen und mit Salz und Salpeter vermengten Gewürze einreiben. In einen Steinguttopf legen, zudecken, beschweren und bei Zimmertemperatur 24 Stunden stehen lassen. Am nächsten Tag etwa 1 Liter Wasser abkochen, die restlichen Gewürze mit dem Salz und Salpeter dazutun, nach dem Abkühlen über das Fleisch gießen. Das Fleisch an einen kühlen Ort stellen und alle paar Tage wenden. Nach 10 Tagen bis zu 2 Wochen herausnehmen, gründlich abspülen, in siedendes Wasser legen und auf sehr kleiner Flamme etwa 2 Stunden zugedeckt kochen. Das weiche Fleisch (mit einer Gabel einstechen, wenn dies leicht geht, ist das Fleisch gar) in der Brühe abkühlen lassen. Pökelfleisch wird dünn in Scheiben geschnitten und mit Meerrettich serviert, der mit Sahne und Zitronensaft abgeschmeckt und mit kleingehackten hartgekochten Eiern vermischt wird. – Dies ist die heute übliche Art, den Osterschinken zuzubereiten. In früheren Zeiten wurde auf diese Weise Schinken vom Wildschwein, ja sogar vom Bären zubereitet. Man räucherte ihn noch einige Tage im Rauch bestimmter Laubhölzer. Der Schinken war damals ein unerläßlicher Bestandteil des sog. »Geweihten«, d.h. des mit Viktualien gedeckten Tisches, an dem sich am Ostersonntag die ganze Familie versammelte. Am Vortage ging der Pfarrer durch das ganze Dorf und weihte die Speisen (daher der Name).

Kotelett nach Warschauer-Art

750 g Schweinerücken, 1 Zwiebel, 1 Ei, Mehl, Semmelbrösel, Schmalz, Zitronensaft, Salz.

Das Fleisch waschen und abtropfen lassen, den Rückenknochen abhacken, nur die Rippenknochen daran lassen. Das Fleisch so in Koteletts teilen, daß jedes einen Knochen hat. Die Koteletts leicht klopfen, mit Zitronensaft beträufeln und mit Zwiebelscheiben belegen. Nach 1 Stunde die Koteletts mit einem angefeuchteten Messer oval formen, salzen und leicht pfeffern. In Mehl, verquirltem Ei und Semmelbröseln wenden und in erhitztem Fett auf beiden Seiten bräunen. In einen Topf geben und 15 Minuten in die heiße Röhre stellen oder auf kleiner Flamme garen, damit die Koteletts durchziehen. Mit gekochtem Gemüse, am besten Kohl, oder mit Rohkost auftragen.

Gulasch aus Łowicz

400 g Schweinefleisch (Schulter), 40 g Fett, 2 Zwiebeln, Salz, Lorbeerblatt, 1 Messerspitze Bohnenkraut, 2 Pimentkörner, 2 Scheiben Weißbrot.

Das Fleisch waschen, salzen und in etwa 2 cm große Stückchen schneiden. In stark erhitztem Fett anbraten. In einen Topf legen und in demselben Fett die gehackte Zwiebel glasig anbraten, dann zum Fleisch geben. Den Bratensatz mit kaltem Wasser (etwa ⅛ Liter) löschen, aufkochen und über das Fleisch gießen. Die Gewürze zufügen. Das Fleisch auf schwacher Flamme weichschmoren, die Soße mit Wasser ergänzen. Ist das Gulasch halbgar, das zerpflückte Brot (ohne Rinde) zufügen. Mit körnigen Gerstengraupen servieren. – Das Gulasch kann mit Paprika gewürzt, und statt Wasser kann Rotwein angegossen werden, aber dann ist es nicht mehr typisch polnisch.

Hackbraten mit hartgekochten Eiern

700 g Schweinefleisch (Keule oder Schulter), 300 g Rindfleisch ohne Knochen, 1 Zwiebel, 50 g altbackenes Brötchen, Fett, 3 Eier, Salz, Pfeffer, Piment.

Das Fleisch waschen, von den Knochen lösen, entsehnen, in Stückchen schneiden und zusammen mit den in Milch eingeweichten und ausgedrückten Brötchen durch den Fleischwolf drehen. Die gehackte und in Fett angebratene Zwiebel, das Ei, Salz und die gemahlenen Gewürze zufügen und alles zu einer lockeren Masse verarbeiten. Auf einem angefeuchteten Brett ein etwa 25 cm × 15 cm großes Rechteck formen. Die hartgekochten und in Viertel geschnittenen Eier an der Längsseite anordnen. Das Fleisch so zusammenrollen, daß sich die Eier in der Mitte befinden. In der Bratpfanne das

Fett erhitzen, den Braten hineinlegen, mit Fett begießen und etwa 50 Minuten in der heißen Röhre garen. Während des Bratens mit dem Bratensaft begießen. In manchen Regionen Polens wird die Soße mit Sahne und Mehl gebunden. Der Hackbraten, auch römischer Braten genannt, wird heiß oder auch kalt mit Brot genossen.

Kohlrouladen aus Suwałki

1 großer, lockerer Kopf Weißkohl, 400 g Schweinefleisch, 100 g Reis, 1 Zwiebel, 1 Ei, 100 g Speck oder Schinkenspeck, Fett, Salz, Pfeffer, 2 Knoblauchzehen, 3 bis 4 Tomaten oder 2 Eßlöffel Tomatenmark.

Den Kohl waschen, die äußeren beschädigten Blätter entfernen und den Strunk herausschneiden. In einem großen Topf Wasser aufkochen und die abgelösten Kohlblätter portionsweise blanchieren, dann mit dem Schaumlöffel herausnehmen und auf einem Sieb abtropfen und abkühlen lassen. Die dicken Blattrippen flach schneiden, ohne die Blätter zu beschädigen. Den Reis halb weichkochen, abseihen und abkühlen lassen. Das Fleisch mit der glasig angebratenen Zwiebel durch den Fleischwolf drehen, das Ei hineinschlagen, salzen, pfeffern, den Reis dazutun und alles gut miteinander vermischen. Füllung in die Mitte jedes Blattes legen, die Blattränder überschlagen, die Rouladen fest zusammenwickeln und gedrängt in einen mit Speckscheiben und Kohlblättern ausgelegten Topf geben. ¼ Liter siedendes Wasser mit etwas Speisewürze oder besser Knochenbrühe darübergießen. Die zerriebenen Knoblauchzehen dazutun und die Rouladen auf kleiner Flamme zugedeckt dünsten. Sind sie fast gar, die geschälten und geschnittenen Tomaten oder das Tomatenmark zufügen. Die Soße kann mit einer Einbrenne gebunden werden. – Einst wurden Kohlrouladen – nur mit Gerstengraupen gefüllt – am Weihnachtsabend als Fastenspeise aufgetischt. Dazu verwendete man Blätter von in ganzen Köpfen gesäuertem Kohl; so wurde Kohl hauptsächlich in Südostpolen für den Winter haltbar gemacht.

Jägerbraten

1,5 kg Rindfleisch (Schmorstück), Fett, Mehl, 100 g Speck, ⅛ l Sahne, 1 getrockneter Pilz, 1 Zwiebel, Essig, Salz, Pfeffer, Piment, Lorbeerblatt, Wacholder.

½ Liter Wasser mit den Gewürzen und der in Scheiben geschnittenen Zwiebel aufkochen. Nach dem Erkalten ein Glas Essig dazugeben und die Beize über das gewaschene und in einen passenden Steinguttopf oder ein Emaillegefäß gelegte Fleisch gießen. Für 2 bis 3 Tage an einen kühlen Ort stellen. Das Fleisch aus der Beize nehmen, abtropfen lassen und ziemlich dicht mit dünnen Speckstreifen spicken. Mit Mehl bestäuben und in stark erhitztem Fett auf allen Seiten bräunen. Salzen und in einen Topf mit dickem Boden legen, das restliche Fett aus der Pfanne dazutun, mit Zwiebel und Gewürzen aus der Beize belegen, den eingeweichten Pilz zufügen. Das Fleisch auf kleiner Flamme schmoren, zwischendurch mit Wasser und Beize begießen (dabei achtgeben, daß die Soße nicht zu sauer wird). Das weiche Fleisch herausnehmen, die Soße mit der mit einem Eßlöffel Mehl verquirlten Sahne binden und abschmecken. Den in Scheiben geschnittenen Braten mit Rote-Rüben-Gemüse, Preiselbeeren oder Rohkost servieren. – Früher wurde Braten, sogar Rindskeulen, ganze Lämmchen oder Kälber, am Spieß gebraten. Heute wird häufiger der sogenannte Schmorbraten zubereitet, obwohl dank dem Elektrogrill die alte Zubereitungsart immer mehr Anhänger findet.

Hackbratenrollen mit Pilzfüllung

500 g Hackfleisch von Schwein und Rind, 100 g altbackene Brötchen, 1 Ei, Mehl, Fett, ¼ l Sahne, 30 g getrocknete Pilze, 2 Zwiebeln, 50 g Butter, Pfeffer.

Die Pilze waschen, einweichen und in etwas Wasser kochen. Die Brötchen einweichen, ausdrücken, zerpflücken und die Hälfte zum Hackfleisch geben; das Ei hineinschlagen, salzen, pfeffern und zu einem lockeren Fleischteig verarbeiten. Die Butter schaumig rühren, das restliche Brötchen, die kleingehackten Pilze sowie die gewürfelten und in heißem Fett gebräunten Zwiebeln dazugeben. Die Füllung mit Salz und Pfeffer abschmecken und je 1 Löffel davon auf die mit angefeuchteten Händen zu ovalen Plätzchen geformten Fleischportionen verteilen. Röllchen formen, mit Mehl bestäuben und in stark erhitztem Fett auf beiden Seiten bräunen. In einen Topf legen, mit dem Pilzsud begießen, salzen und auf kleiner Flamme etwa 15 Minuten dünsten. Zum

Schluß die Sahne zufügen. Die Hackbratenrollen heiß mit Graupen oder Kartoffeln sowie mit Gemüse servieren.

Rindsrouladen à la Radziwiłł

500 g Rindfleisch (Lende oder Keule), Senf, 1 altbackenes Brötchen, 1 Zwiebel, 1 Ei, Petersilie, 1 Eßlöffel geriebener Meerretich, Schmalz, Salz, Pfeffer, etwas Mehl, 2 Gläschen herber Wein.

Das in Milch eingeweichte Brötchen mit der gehackten und glasig ausgebratenen Zwiebel durch den Fleischwolf drehen. Den Meerrettich, das Ei und die gehackte Petersilie dazutun, mit Salz und Pfeffer abschmecken. Jede Fleischscheibe leicht klopfen, mit Senf bestreichen, leicht salzen, dünn mit Füllung belegen, zusammenrollen und mit einem Baumwollfaden umwickeln oder mit einem Holzstäbchen zusammenstecken. Mit Mehl bestäuben und in erhitztem Fett bräunen. In einen Topf legen und auf kleiner Flamme zugedeckt dünsten, dabei Wein und Wasser angießen.

Altpolnische Rindsrouladen

500 g Rindfleisch (Lende oder Keule), 1 große Zwiebel, und 1 saure Gurke, 1 Scheibe Schwarzbrot, 100 g geräucherter Schinkenspeck, 1 getrockneter Pilz, Salz, Pfeffer, Mehl, Schmalz.

Das Fleisch waschen und quer zur Faser in 1 cm dicke Scheiben schneiden. Jede Scheibe leicht klopfen. Brot und Gurke dünn in Streifen, den Schinkenspeck in Scheiben schneiden. Jede Fleischscheibe salzen, Räucherspeck, Gurke und Brot darauflegen. Mit Pfeffer bestäuben, zusammenrollen, mit einem Baumwollfaden umwickeln oder mit einem Holzstäbchen zusammenstecken. Mit Mehl bestäuben und in erhitztem Fett anbraten, salzen und in einen Topf legen. Im restlichen Fett die gewürfelte Zwiebel bräunen und zu den Rouladen geben. Wasser angießen, den eingeweichten Pilz zufügen und die Rouladen auf kleiner Flamme zugedeckt dünsten. Die Soße kann mit Sahne abgeschmeckt werden. Die Rouladen mit Rotkohlsalat auftischen.

Kalbsbrust, polnisch

1 kg Kalbsbrust, 150 g Kalbs- oder Geflügelleber, 60 g Butter, 2 Eier, 1 Bund Dill, einige Eßlöffel Semmelbrösel und 1 kleines altbackenes Brötchen, Salz, Muskatnuß, Fett.

Das altbackene Brötchen in Milch einweichen, ausdrücken und mit der Leber durch den Fleischwolf drehen. Die Butter mit den Eigelb schaumig rühren, das gemahlene Brötchen und die Leber sowie den gehackten Dill hinzufügen, mit Salz, geriebener Muskatnuß und etwas Zucker abschmekken, zum Schluß Eischnee und Semmelbrösel unterheben. Die Kalbsbrust waschen und mit einem scharfen Messer die Muskelschichten voneinander trennen, so daß eine Tasche entsteht. Das Fleisch innen und außen salzen, mit der vorbereiteten Masse füllen und die Tasche mit einem Baumwollfaden zunähen. In einer Bratpfanne Fett erhitzen, die Kalbsbrust hineinlegen, die Pfanne in die Bratröhre stellen und etwa 1 bis 1½ Stunden braten; zwischendurch mit dem Bratensaft begießen. Die verdampfte Soße mit Wasser auffüllen. Das weiche Fleisch aus der Röhre nehmen, den Faden entfernen und die Kalbsbrust in dicke Scheiben schneiden.

Hammelkeule

2 kg Hammelkeule, 100 g Speck, 3 Knoblauchzehen, 1 Glas herber Weißwein, 4 Eßlöffel Zitronensaft oder Essig, Piment, 2 Lorbeerblätter, 10 Pfefferkörner, 10 Wacholderbeeren, Estragon, Rosmarin, Salz, Fett.

Das Fleisch waschen, abtrocknen, entsehnen und den Talg entfernen. Den Wein mit Zitronensaft, Kräutern und Gewürzen aufkochen. Das Fleisch in einen Steinguttopf legen, mit dem abgekühlten Wein begießen und 3 bis 4 Tage wegstellen, zwischendurch häufig wenden. Aus der Beize nehmen, abtrocknen, mit Salz und zerriebenem Knoblauch einreiben und mit dem in dünne Stäbchen geschnittenen Speck spicken. In erhitztem Fett bräunen und in der Röhre braten, dabei häufig Wasser angießen, später mit Bratensaft beträufeln. Nach etwa 2 Stunden die Probe machen: Wenn nach dem Einstechen ein klarer, nicht trüber Saft herausfließt, ist das Fleisch gar. Die Hammelkeule in Scheiben schneiden und heiß mit Rotkohlsalat oder Preiselbeeren auftragen.

Geschmortes Hammelfleisch

1 kg Fleisch (Schulter oder Rücken), 5 Knoblauchzehen, Speiseöl, 2 Zwiebeln, 1 Möhre, ½ Sellerieknolle, Salbei, Estragon, einige Dörrpflaumen, Zitronensaft, Salz, ⅛ l Sahne, 1 Eßflöffel Mehl.

Das Fleisch waschen, entsehnen, vom überflüssigen Fett befreien und in Portionen teilen. Mit dem gehobelten Gemüse, den Kräutern und dem zerriebenen Knoblauch belegen, das Öl darübergießen. 2 Tage lang im Kühlschrank lagern. Dann mit Salz einreiben, in erhitztem Fett bräunen und auf kleiner Flamme zugedeckt schmoren, dabei Wasser und Zitronensaft angießen. Nach einiger Zeit die eingeweichten und entsteinten Pflaumen dazugeben. Das weiche Fleisch herausnehmen und die Soße mit der mit Mehl verquirlten Sahne binden. Heiß mit pikanten Salaten auftragen.

Wildschweinbraten nach Königs-Art

2 kg Fleisch von Keule oder Schulter, ⅛ l Essig, ⅛ l Bier, ⅛ l Wasser, 10 Pfefferkörner, 10 Pimentkörner, Lorbeerblatt, 10 Wacholderbeeren, 2 große Zwiebeln, 50 g Tomatenmark, 1 Eßlöffel Mehl, Fett, Salz.

Das abgehangene Fleisch in einen Steinguttopf legen. Essig, Bier und Wasser mit den Gewürzen aufkochen, abkühlen lassen, das Fleisch damit begießen und 4 Tage an einem kühlen Ort lagern, dabei mindestens einmal täglich wenden.

Dann das Fleisch aus der Beize nehmen, abtrocknen, mit Salz einreiben und in erhitztem Fett von allen Seiten bräunen. In einen Topf mit dickem Boden legen und zugedeckt dünsten, zwischendurch mit Wasser und Beize begießen. Nach ½ Stunde die gewürfelten und im restlichen Fett gebräunten Zwiebeln dazutun. Zum Schluß die Gewürze und das Tomatenmark hinzufügen. Das weiche Fleisch herausnehmen, in dünne Scheiben schneiden, die Soße mit Mehl binden. Der Braten kann kalt aufgetragen werden, aber dann darf die Soße nicht mit Mehl gebunden werden.

Rehfilets

1 kg Rehrücken ohne Knochen, 50 g Möhren, 50 g Sellerieknolle, 50 g Petersilienwurzel, 50 g Zwiebeln, Speiseöl, Pfeffer, Wacholder, Lorbeerblatt, Estragon, Fett, Mehl, Salz, Zitronensaft.

Den abgehangenen Rücken entsehnen und mit Zitronensaft oder Essig beträufeln. Das Gemüse waschen, putzen und in dünne Streifen schneiden, Öl und Gewürze dazutun, das Fleisch damit belegen und einige Tage an einem kühlen Ort lagern. Dann das Gemüse entfernen, das Fleisch quer zur Faser in etwa 1,5 cm dicke Scheiben schneiden, leicht klopfen, mit Salz und Mehl bestreuen und in heißem Fett auf beiden Seiten so braten, daß die Filets in der Mitte nicht mehr blutig, aber auch nicht zu sehr durchgebraten sind. Mit Zitronensaft beträufeln, auf einer Platte anrichten und sofort auftragen.

Biersuppe
Erbsensuppe
Sauerkrautsuppe

Salate

Grüne Heringe

Äpfel im Schlafrock

Ente mit Äpfeln

Rindszunge in brauner Soße

Piroggen
Quarkklöße

Hähnchen

Rebhühner in Speck

4 Rebhühner, 8 Scheiben Speck, Salz, Salbei.

Die abgehangenen und ausgenommenen Rebhühner waschen und mit dem mit Salbei vermischten Salz einreiben (wenn frischer Salbei zur Hand ist, je einen Zweig in den Rumpf legen). Den Speck in dünne Scheiben schneiden, die Brust der Rebhühner damit belegen und mit einem Faden umwickeln. In einer Bratpfanne Fett erhitzen, die vorbereiteten Rebhühner hineinlegen, in die stark erhitzte Röhre stellen, mit Wasser beträufeln und braten, zwischendurch mit dem Bratensaft begießen. Sind die Hühner gar, die Fäden entfernen und jedes Huhn halbieren. Auf einer Platte anordnen und die Bratensoße darübergießen. Mit Pommes frites oder Rotkohlsalat servieren.

Altpolnischer Fasan

1 Fasan, 100 g Speck, Fett, Salz.

Den abgehangenen und ausgenommenen Fasan waschen und mit Salz einreiben. Den Speck in dünne Scheiben schneiden, den Rumpf damit belegen und mit einem Faden umwickeln. Das Fett in einer Bratpfanne erhitzen, den Fasan hineinlegen, mit Wasser beträufeln und in der erhitzten Röhre braten, dabei häufig mit dem Bratensaft begießen. Die verdampfte Soße mit Wasser auffüllen. Den garen Fasan (er soll nicht zu sehr gebräunt sein) herausnehmen, vom Faden befreien, in Portionen teilen und auf einer Platte anordnen, dabei die Gestalt des Vogels formen. Gebratene Kartoffeln ringsherum anordnen. An den Seiten die Federn von den Flügeln einstecken und an einem Ende der Platte den Schwanz formen. Die Federn zum Ausschmücken einfetten, damit sie glänzen.

Hase in Sahne

Ziemer und Schlegel von einem Hasen, ⅛ l Essig, ¼ l Wasser, einige Körner Piment, Pfeffer und Wacholder, Lorbeerblatt, 1 große Zwiebel, Mehl, Fett, Salz, ⅛ l Sahne.

Ziemer und Schlegel des abgehangenen Hasen in einem Steinguttopf mit einer Beize aus aufgekochtem Essig, Wasser und Gewürzen begießen und für etwa 5 Tage an einen kühlen Ort stellen, dabei häufig wenden. Das Fleisch aus der Beize nehmen, abtrocknen, mit einem scharfen Messer von Haut und Sehnen befreien, salzen und mit Mehl bestäuben. Das Fett in einer Bratpfanne erhitzen, das Fleisch hineinlegen und in die heiße Röhre stellen. Ist es gebräunt, die Flamme drosseln und das Fleisch häufig mit Bratensaft und Beize begießen. Das weiche Fleisch herausnehmen, die Soße mit der mit dem Mehl verquirlten Sahne binden und aufkochen. Das Fleisch auf einer Platte anordnen und die Soße darübergießen. Mit Kartoffeln und Rote-Rüben-Gemüse auftragen. – Dies ist eine Spezialität der altpolnischen Küche. Bis heute ist Hase mit Rote-Rüben-Gemüse im Herbst und Winter die Lieblingsspeise der Polen.

Hähnchen, polnisch

1 mittelgroßes Hähnchen (etwa 1,5 kg), 1 altbackenes Brötchen, 30 g Butter, 2 Eier, Hähnchenleber oder 100 g Kalbsleber, Petersilie, Salz, Muskatnuß, Bratfett.

Das ausgenommene Hähnchen gründlich waschen, Hals und Flügel entfernen. Das Hähnchen salzen und 1 Stunde beiseite stellen. Die Leber und das in Milch eingeweichte, ausgedrückte Brötchen durch den Fleischwolf drehen. Die Butter schaumig rühren, dabei die Eier einzeln hineinschlagen. Die Leber mit dem Brötchen dazugeben, mit Salz und der gemahlenen Muskatnuß würzen, die gehackte Petersilie daruntermischen. Zum Schluß den Eischnee unterheben. Das Hähnchen mit der Masse füllen, mit einem Baumwollfaden zunähen oder mit spitzen Hölzern zustecken und dressieren. In einer Bratpfanne Fett erhitzen, das Hähnchen hineinlegen, mit Wasser beträufeln, in die erhitzte Röhre geben und fertigbraten, dabei zwischendurch mit dem Bratensaft begießen und mit Wasser beträufeln. Heiß mit Pellkartoffeln und Gurken- oder Blattsalat in Sahne auftragen.

Ente mit Äpfeln

1 Ente (etwa 2 kg), 500 g saure Äpfel, Majoran, Salz, Fett.

Die ausgenommene Ente waschen, abtrocknen, mit Salz und dem zerriebenen Majoran einreiben und eine Stunde beiseite stellen. In der Zwischenzeit die Äpfel waschen, schälen und je nach Größe in Viertel oder Achtel schneiden, das Kernhaus entfernen. Mit Majoran bestreuen, etwas salzen und zuckern. Die Ente damit füllen, zunähen und in der heißen Röhre in wenig Fett braten, etwas Wasser angießen. Die fertig gegarte Ente herausnehmen, vierteln, auf einer Platte anordnen und mit den aus der Ente genommenen Äpfeln umlegen. Mit gedünsteten Preiselbeeren, gebundenem Weiß- oder Rotkohl oder Rote-Rüben-Gemüse servieren.

Rinderzunge in brauner Soße

1 Rinderzunge, 1 Bund Suppengrün, 2 Zwiebeln, Piment, Salz, Pfeffer, Lorbeerblatt, 2 Eßlöffel Schmalz, 1 Eßlöffel Mehl, 3 Eßlöffel Zucker, $\frac{1}{8}$ l Weißwein, Schale und Saft von 1 Zitrone, 50 g Rosinen, 50 g Mandeln.

Die Zunge gründlich waschen und von den Schleimdrüsen am Ansatz befreien. Mit siedendem Wasser begießen, einmal aufkochen und abseihen. Aus dem Suppengemüse und den in trockner Pfanne gebräunten Zwiebeln eine Brühe kochen. In die siedende Brühe die Zunge geben und weichgaren, zum Schluß die Gewürze zufügen. Die weiche Zunge herausnehmen, in kaltes Wasser legen und abhäuten. Aus Schmalz und Mehl eine braune Einbrenne machen und mit Wein und etwas Brühe ablöschen. Mit Salz, Zitronensaft und -schale sowie Karamel abschmecken. Die gewaschenen Rosinen und die abgezogenen und gehobelten Mandeln dazutun. Die Zunge schräg in Scheiben schneiden und mit der Soße begießen.

Hirn, polnisch

50 g Hirn vom Schwein oder Rind, 1 Zwiebel, 2 Eigelb, Salz, Pfeffer, Essig, Fett.

Das Hirn waschen, enthäuten, in 1 Liter siedendes Salzwasser mit 3 Eßlöffel Essig legen und 4 Minuten kochen, dann mit dem Schaumlöffel herausnehmen und abseihen. Die Zwiebel kleinhacken und in erhitztem Fett goldbraun anbraten. Das Hirn in Würfel schneiden, in das heiße Fett legen, mit der Gabel zerdrücken und noch einige Minuten braten. Die Dotter hineinschlagen und vermischen. Mit Salz und Pfeffer abschmecken. Mit der gebräunten Zwiebel garniert auftragen.

Flecke nach Warschauer-Art

1 kg Rindsflecke, 1 Bund Suppengrün, 500 g Rindfleisch mit Knochen, 50 g Mehl, 50 g Butter, Salz, Pfeffer, Majoran, Muskatnuß, Ingwer, Piment, Paprika, scharfer Reibekäse.

Die Flecke sehr gründlich mit dem Messer säubern, in warmem Wasser waschen und einige Stunden kalt wässern. Dann in siedendes Wasser legen, aufkochen, mit kaltem Wasser übergießen, abkühlen lassen und abseihen. In kaltem Salzwasser ansetzen und weichkochen. Aus dem Fleisch und dem geputzten Suppengrün eine kräftige Brühe kochen. Die in Streifen geschnittenen Flecke zufügen und noch eine Weile kochen. Das Gemüse herausnehmen, wie die Flecke zerkleinern und wieder in den Topf geben. Die Flecke mit einer braunen Einbrenne aus Butter und Mehl binden. Mit den gemahlenen Gewürzen scharf abschmecken. In Suppentellern anrichten und mit Weißbrot servieren.

Bigos nach Jäger-Art

1,5 kg Sauerkraut, 300 g Rindfleisch, 300 g Schweinefleisch, 1 Viertel einer gebratenen Ente, 100 g geräucherter Schinkenspeck, 300 g Wurst, 4 Zwiebeln, 20 bis 30 g getrocknete Pilze, 100 g Dörrpflaumen, Fett, 2 Lorbeerblätter, Pfeffer, Piment, Wacholder, $\frac{1}{8}$ l Madeira.

Das Kraut nicht zu klein schneiden (ist es sehr sauer, vorher ausdrücken). Mit Wasser und dem Pilzsud von den eingeweichten Pilzen übergießen und auf starker Flamme nicht zugedeckt kochen. Das Fleisch in Stückchen schneiden und zusammen mit den gebräunten Zwiebeln im Fett aus dem ausgelassenen Schinkenspeck dünsten, dabei Wasser angießen. Das weiche Fleisch mit der Soße, die Gewürze, die in Streifen geschnittenen Pilze und die eingeweichten und entsteinten Pflaumen zum Kraut geben und auf ganz kleiner Flamme weiter dünsten. Zum Schluß die in Scheiben geschnittene Wurst und den Wein zufügen. Mit Brot auftragen. Bigos schmeckt am besten aufgewärmt. Im Kühlschrank kann er sogar bis zu einer Woche aufbewahrt werden. – Bigos ist ein typisch polnisches Gericht, das man besonders im Winter in der Speisekammer lagern kann. Einst wurde er auf Reisen, Jagden und Schlittenfahrten mitgenommen. Ge-

genwärtig wird er meistens an Feiertagen sowie bei Gesellschafts- und Familientreffen aufgetischt. Übrigens: Je mehr Fleischsorten für den Bigos verwendet werden, desto besser schmeckt er.

Bigos nach Gauner-Art

550 g Sauerkraut, 500 g Weißkohl, 200 g Schinkenspeck, 400 g geschmortes Hammel- oder Schweinefleisch, 200 g Wurst, 1 Zwiebel, 2 bis 3 Eßlöffel Pflaumenmus, 1 getrockneter Pilz, Salz, Zucker, Piment, Pfeffer, Lorbeerblatt, 100 g Tomatenmark.

Das Sauerkraut mit siedendem Wasser übergießen, den eingeweichten Pilz hinzufügen, 1 Stunde kochen. Den Weißkohl hobeln, salzen, mit Wasser übergießen und weichkochen. Die beiden Kohlsorten zusammengeben, den Schinkenspeck und das Fleisch, beides gewürfelt, sowie die gebräunte Zwiebel und die Gewürze zufügen und weiter auf kleiner Flamme dünsten. Zum Schluß Wurstwürfel und Tomatenmark untermengen. Wie jeder Bigos ist auch dieser nach ein paar Tagen am schmackhaftesten; er muß jedoch jeden Tag eine halbe Stunde gedünstet werden.

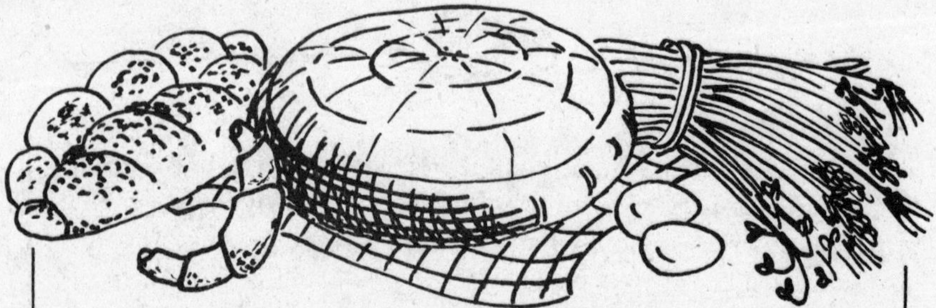

Speisen aus Mehl, Graupen, Eiern und Käse

Piroggen auf Masowsze-Art

Teig: 400 g Mehl, 1 Ei, etwa $\frac{1}{8}$ l lauwarmes Wasser.
Füllung: 600 g gekochtes Rindfleisch, 1 Ei, 1 altbackenes Brötchen, 1 Zwiebel, Salz, Pfeffer, Fett.

Das Fleisch mit der gehackten und in Fett gebräunten Zwiebel sowie dem eingeweichten, ausgedrückten Brötchen durch den Fleischwolf drehen (man kann auch 100 g Speck oder Schinkenspeck durchdrehen). Die Masse gut verrühren und mit Salz und Pfeffer abschmecken (sollte die Füllung zu trocken sein, kann man einige Eßlöffel Brühe dazugießen). Aus Mehl, Ei und Wasser einen weichen, elastischen Teig kneten und danach ausrollen. Mit Förmchen oder einem Glas etwa 6 cm große Scheiben ausstechen. In die Mitte jeder Scheibe 1 Teelöffel Füllung geben, die Ränder fest zusammendrücken und verzieren. Portionsweise in siedendes Salzwasser geben. Steigen die Piroggen nach oben, noch etwa 3 Minuten kochen. Mit ausgelassenen Speckwürfeln und Rohkostsalat aus Sauerkraut auftragen.

Russische Piroggen

Teig: wie im vorigen Rezept.
Füllung: 500 g Kartoffeln, 400 g Quark, 1 Zwiebel, Fett, Salz, Pfeffer.

Die geschälten Kartoffeln kochen, abgießen und mit dem Quark durch den Fleischwolf drehen. Die gehackte und im Fett gebräunte Zwiebel dazutun. Die Füllung mit Salz und Pfeffer abschmecken. Die Piroggen wie im vorangegangenen Rezept beschrieben füllen und kochen. Mit zerlassener Butter und darin gebräunten Semmelbröseln servieren.

Weihnachtspiroggen

Teig: wie im vorigen Rezept.
Füllung: 800 g Sauerkraut, 50 g getrocknete Pilze, 2 große Zwiebeln, Fett, Salz, Pfeffer.

Die gewaschenen und einige Stunden eingeweichten Pilze im selben Wasser kochen. Das Kraut mit dem Pilzsud begießen und weichkochen. Die Zwiebeln in Würfel schneiden und im Fett glasig anbraten. Das ausgedrückte Kraut und die gehackten Pilze dazugeben, einige Minuten braten, dabei ständig umrühren. Mit Salz und Pfeffer abschmecken. Die Piroggen wie im vorigen Rezept füllen.

Litauische Piroggen

Teig: 250 g Mehl, 2 Eier, 3 Eßlöffel Wasser, Salz.
Füllung: 200 g Rindsfilet, 100 g Hammelfleisch (Keule), 150 g Rinderfett, 1 Zwiebel, Salz, Pfeffer, Majoran.

Aus Mehl, Eiern und etwas Wasser einen Piroggenteig kneten. Die beiden Fleischsorten fein hacken, das Fett durch den Fleischwolf drehen. Die Zwiebel fein reiben und in Butter glasig anbraten. Fleisch, Fett und Zwiebeln zu einer glatten Masse verarbeiten. Mit Salz, Pfeffer und Majoran abschmecken. Den Teig dünn ausrollen und kleine Scheiben ausstechen. In die Mitte jeder Scheibe 1 Teelöffel Füllung geben, und die Teigränder fest zusammendrücken. Die Piroggen in siedendes Salzwasser legen und nach dem Aufsteigen etwa 5 bis 6 Minuten kochen.

Gefüllte Klöße auf Podlasie-Art

Teig: 300 g Mehl, 50 g Fett, 25 g Hefe, 50 g Zucker, $\frac{1}{8}$ l Milch, 1 Ei, Salz.

Füllung: 200 g Buchweizengrütze, 200 g Quark, Fett, 2 Zwiebeln, Salz, Pfeffer.

Die Buchweizengrütze locker kochen und abkühlen lassen. Dann den durch den Fleischwolf gedrehten oder zerdrückten Quark sowie die gehackten und gebräunten Zwiebeln dazutun, mit Pfeffer und Salz abschmecken und alles gut vermischen. Aus der Hälfte des Mehls, der warmen Milch und der mit Zucker zerriebenen Hefe ein Hefestück ansetzen. Beginnt es aufzugehen, das restliche Mehl, das Ei sowie das ausgelassene Fett hinzufügen und den Teig sehr sorgfältig kneten. Auf einem mit Mehl bestäubten Nudelbrett ausrollen, Scheiben oder Quadrate ausstechen, mit der Füllung belegen, zusammenklappen und die Ränder fest andrücken. Die Klöße mit einem Tuch zudecken und an einem warmen Ort gehen lassen. Dann mit verquirltem Ei bestreichen und in der stark erhitzten Röhre goldbraun backen. – In der alten Bauernküche galt diese Speise als festtäglicher Leckerbissen.

Kulebiak

Teig: 250 g Mehl, 20 g Hefe, 1 Teelöffel Zucker, ⅛ l Milch, 2 Eigelb, Salz, 40 g Fett.
Füllung: 500 g Weißkohl, 150 g frische oder 30 g getrocknete Pilze, 1 große Zwiebel, 2 hartgekochte Eier, Fett, Salz, Pfeffer.

Den Teig wie im vorigen Rezept zubereiten, in ein Gefäß legen, mit einem Tuch zudecken und an einem warmen Ort gehen lassen. Den Kohl putzen, waschen, in Viertel schneiden, in siedendes Salzwasser legen und kochen. Den abgekühlten Kohl ausdrücken und durch den Fleischwolf drehen. Die frischen Pilze putzen, gründlich waschen, in Streifen schneiden und mit der gehackten Zwiebel in Fett dünsten (getrocknete Pilze vorher einweichen und kochen, dann kleinhacken). Den Kohl mit den Pilzen und den gehackten hartgekochten Eiern vermischen, mit Salz und Pfeffer abschmecken. Den Teig auf einem mit Mehl bestäubten Nudelbrett zu einem Rechteck ausrollen, und die Füllung in die Mitte legen. Die längeren Ränder übereinanderlegen, zusammendrücken und verzieren. Den Teig auf ein gebuttertes Blech legen und mit dem verquirlten Ei bestreichen. In der Röhre bei Mittelhitze etwa 1 Stunde backen. Heiß, mit zerlassener Butter übergossen, auftragen. – Kulebiak ist ein Leckerbissen der russischen Küche, der in den Küchen ganz Europas berühmt ist; ebenso populär und beliebt ist er in Polen.

Kartoffelklöße

1 kg Kartoffeln, 250 g Mehl, 30 g Kartoffelmehl, 1 Ei, Salz.

Die geschälten Kartoffeln in Salzwasser kochen, abgießen, abdampfen und durch den Fleischwolf drehen oder durch die Kartoffelpresse drücken. Die beiden Mehlsorten dazutun, das Ei hineinschlagen und schnell einen Teig kneten. Klöße formen und in siedendes Salzwasser geben. Der Kartoffelteig darf nicht lange liegenbleiben, er wird sonst zu lokker. Deshalb sofort portionsweise kochen, damit die Klöße frei schwimmen. Steigen sie an die Oberfläche, mit dem Schaumlöffel herausnehmen. Mit ausgebratenen Speckwürfeln oder zu Schmorfleisch servieren.

Masurische Klöße

1 kg Kartoffeln, 1 Ei, 3 Eßlöffel Mehl, Salz.

Die Kartoffeln schälen und fein reiben. Auf ein engmaschiges Sieb oder auf Gaze legen und leicht ausdrücken. Den Kartoffelsaft wegstellen, damit sich die Stärke absetzt, dann die Flüssigkeit abgießen und das zurückgebliebene Kartoffelmehl mit der Kartoffelmasse vermischen, dabei Ei, Mehl und Salz zufügen. Aus dem Teig mit der Hand Kugeln formen, in jede eine Vertiefung drücken. In siedendes Salzwasser geben und etwa 10 Minuten kochen. Als Beilage zu Fleisch in Soßen oder als selbständiges Gericht mit ausgebratenem Speck und gebräunter Zwiebel auftischen. – Eine typische Speise der polnischen Bauernküche. Heute werden die masurischen Klöße häufig mit einer Füllung aus Fleisch, Pilzen, Kohl u. a. zubereitet.

Quarkklöße

500 g Quark, 3 Eier, 150 g Mehl, 2 Kartoffeln, 50 g Butter, Fett, Semmelbrösel, Salz.

Den Quark mit den gekochten und abgekühlten Kartoffeln durch den Fleischwolf drehen. Die Butter schaumig rühren, dabei die Eier einzeln hineinschlagen und den Quark nach und nach zufügen. Alles zu einer glatten Masse verrühren, eine Messerspitze Salz dazutun, abwechselnd den Eischnee und das gesiebte Mehl unterheben. Aus dem Teig auf dem Nudelbrett eine lange Rolle formen, schräg in etwa 3 cm lange Stücke schneiden und sofort in siedendes Salzwasser geben. Steigen die Klöße an die Oberfläche, noch eine Weile auf kleiner Flamme kochen und mit dem Schaumlöffel herausnehmen. Mit in Butter gerösteten Semmelbröseln auftragen. – Quarkklöße kann man auch mit Zucker bestreuen oder mit gesüßter Sahne begießen.

Kloßrollen

1,5 kg Kartoffeln, 1 Ei, Salz.

Die Hälfte der Katoffeln kochen, durch den Fleischwolf drehen oder durch die Kartoffelpresse drücken. Den anderen Teil fein reiben, den Kartoffelsaft ausdrücken, nach 15 Minuten die Flüssigkeit abgießen und das Kartoffelmehl zu den vermischten gekochten und rohen Kartoffeln geben. Das Ei zufügen und die Masse zu einem Teig verarbeiten. Kleine Rollen formen und in siedendem Salzwasser 8 bis 10 Minuten kochen. Als Beilage zu Fleisch oder mit ausgelassenen Speckwürfeln auftragen. – Mit heißer Milch begossene Kloßrollen wurden morgens auf dem Dorf gegessen, ehe man aufs Feld ging.

Leckerbissen aus Suwałki

2 kg Kartoffeln, 200 g geräucherter Schinkenspeck, 4 Eier, 4 Eßlöffel Mehl, Salz, Pfeffer, 1 Zwiebel.

Die Kartoffeln schälen und fein reiben. Den überflüssigen Saft abgießen und die Masse mit den ausgebratenen Speckwürfeln und der gebräunten Zwiebel mischen. Das Ei hineinschlagen, den Teig mit Salz und Pfeffer abschmecken und gut verrühren. In eine gefettete Bratpfanne geben und in der heißen Röhre backen. Mit saurer Sahne begießen und heiß auftragen. – Dieses heute fast vergessene Gericht wurde in den östlichen Gebieten Polens gegessen.

Verriebene Krakauer Grütze

350 g feinkörnige Buchweizengrütze, ½ Ei oder 1 ganzes Eiweiß, 2 Eßlöffel Butter, Salz, 1 großes Bund Dill.

Die Grütze gut mit dem verquirlten Ei verrühren, verreiben, damit sich keine Klümpchen bilden. Die Grütze in lauwarmer Röhre etwas trocknen lassen, dann in ½ Liter siedendes Salzwasser mit etwas Butter geben. Hat die Grütze die Flüssigkeit aufgesogen, auf kleiner Flamme oder in der Röhre garen. Vor dem Auftragen mit kleingehacktem Dill bestreuen. – Der Legende nach war verriebene Krakauer Buchweizengrütze die Lieblingsspeise von Königin Anna Jagiełło. Heute wird sie als Beilage zu gekochtem Fleisch und Fisch serviert. Sie gehört auch zu einer anderen Spezialität der polnischen Küche: zu gekochten Krebsen.

Hirsegraupen nach Kielcer-Art

350 g Hirsegraupen, 2 Eßlöffel Butter, ½ l Milch, Salz, Zukker, ⅛ l Sahne, Zimt.

Die Graupen waschen und locker in Milch kochen (wie Krakauer Buchweizengrütze). Die Sahne süßen, mit Zimt abschmecken und in einem kleinen Krug neben der Schüssel mit den Graupen auftragen. – Diese Graupen, die hauptsächlich aus der im Gebiet von Kielce angebauten Hirse hergestellt werden, waren in der polnischen und überhaupt in der slawischen Küche sehr beliebt.

Ausgequollene Buchweizengrütze

300 g geröstete Buchweizengrütze, ½ l Wasser, 1 Eßlöffel Schmalz, Salz.

Die Grütze verlesen und in siedendes Salzwasser mit etwas Fett schütten. Hat sie die Flüssigkeit aufgesogen, für etwa 40 Minuten zugedeckt in die vorgeheizte Röhre stellen. – Buchweizengrütze, auch Heidegrütze genannt, ist in der polnischen Küche als Beilage zu Schmorfleich, besonders zu

Fleischrouladen, beliebt. Sie wird auch, mit zerlassener Butter übergossen, zu dicker Milch oder Kefir als Abendbrot im Sommer aufgetragen.

Rührei mit Räucherspeck

4 Eier, 50 g geräucherter Speck oder Schinkenspeck, Salz, Pfeffer, ½ Bund Schnittlauch, 2 Eßlöffel frische Milch.

Speckwürfel in der Pfanne auslassen, die Grieben nicht zu stark bräunen. Die Eier in ein Gefäß schlagen und mit der Gabel verquirlen, Milch, gehackten Schnittlauch und Salz dazutun. Die Eimasse in das heiße Fett gießen und mit einem flachen Kochlöffel verrühren, bis die Eier stocken. Mit Schwarzbrot servieren.

Nudelflecke mit Mohn

350 g Mehl, 2 bis 3 Eier, Wasser, Salz, 250 g Mohn, etwa 150 g Zucker, Vanillinzucker, Zitronenschale, Orangeat, Butter.

Den Mohn waschen und einige Minuten auf schwacher Flamme kochen. Nach dem Kaltwerden im engmaschigen Sieb abtropfen lassen, durch den Fleischwolf drehen und mit Zucker (oder einigen Eßlöffeln Honig) vermischen. Die abgeriebene Zitronenschale, das gewürfelte Orangeat und den Vanillinzucker dazutun. Aus Mehl, Eiern und etwas Wasser so lange einen Teig kneten, bis er durchgeschnitten Luftbläschen zeigt. Den Teig dünn ausrollen, etwas trocknen lassen und mit einem scharfen Messer in kleine rhombenförmige Stücke schneiden. Die Flecke in siedendes Salzwasser geben, umrühren, kochen, abseihen, mit heißem Wasser abspülen, dann mit Butter begießen und mit der Mohnmasse vermischen.

Bauernbrot

1 kg Mehl, 300 g Weizenkleie, ½ l lauwarmes Wasser oder Milch, Salz, 50 g Hefe, Zucker, Öl, Kümmel.

Die Hefe mit etwas Zucker und Salz zerreiben, mit etwas Wasser oder Milch verrühren (die Lösung muß die Konsistenz dicker Sahne haben) und an einem warmen Ort gehen lassen. Hat sich die Menge verdoppelt, die Hefe zu dem gesiebten und mit der Kleie vermischten Mehl geben, das restliche Wasser oder die Milch hinzugießen, den Teig salzen und so lange verarbeiten, bis er Blasen schlägt. Dann mit Mehl bestäuben, zudecken und an einem warmen Ort gehen lassen. Drei längliche Laibe formen und in mit Öl ausgefettete Bratpfannen geben. Zudecken und wieder gehen lassen. Geht der Teig auf, mit Kümmel (oder Mohn) bestreuen und in die heiße Röhre stellen. Etwa 1 Stunde backen. Ist das Brot appetitlich gebräunt und durchgebacken (mit einem Holzstäbchen durchstechen), aus der Form nehmen, dann die Oberfläche und die Seiten mit Wasser benetzen. – Auf dem polnischen Dorf wurde noch in den dreißiger Jahren auf jedem Bauernhof Weiß- und Schwarzbrot gebacken. Mit frisch gebackenem Brot sollte man die Nachbarn bewirten und wenigstens eine Schnitte an die ärmsten Dorfbewohner verteilen. Heute kaufen alle Brot in der Bäckerei, manchmal jedoch wird es zu Hause zubereitet. Bauernbrot bleibt länger frisch, hat eine knusprige Kruste und ist innen weich.

Striezel aus Łowicz

400 g Mehl, 30 g Hefe, 1 Teelöffel Zucker, etwa ¼ l Milch, 4 Eßlöffel Öl, Salz.

Die Hefe mit dem gesiebten und angewärmten Mehl, dem Zucker und einigen Eßlöffeln warmer Milch anrühren und abwarten, bis sie zu treiben beginnt. Dann die restliche Milch und das Öl dazugießen und einen glatten elastischen Teig kneten. Längliche Brötchen oder Striezel formen (2 oder 3 Teigrollen zu einem Zopf verflechten). Mit einem Tuch zudecken. Sind sie aufgegangen, mit verquirltem Ei bestreichen, auf ein Blech geben und in der heißen Röhre backen.

Buchteln

400 g Mehl, 30 g Hefe, 2 Eier, 50 g Butter, etwa ⅛ l Milch, 30 g Zucker, Salz.

Die Hefe mit einigen Löffeln Milch und 1 Messerspitze Zukker anrühren und abwarten, bis sie zu treiben beginnt. Dann zum Mehl geben, etwas salzen, die mit dem Zucker schaumig gerührten Eier und lauwarme Milch zufügen und einen Teig kneten. Löst er sich vom Rand des Gefäßes, die zerlassene Butter dazutun, den Teig noch etwas durcharbeiten und an einen warmen Ort stellen. Ist er aufgegangen, auf einem mit Mehl bestäubten Nudelbrett ausrollen, Scheiben ausstechen und dämpfen, d. h. über einen mit siedendem Wasser gefüllten Topf ein Tuch spannen, die Buchteln darauf legen und zugedeckt dämpfen. Heiß mit in Butter gerösteten Semmelbröseln, Sahne oder Konfitüre auftragen.

Zwiebelgebäck

250 g Mehl, etwa ⅛ l Milch, 20 g Hefe, 1 Teelöffel Zucker, 1 Ei, 40 g Fett, 250 g Zwiebeln, Öl, Salz, Muskatnuß.

Aus den Zutaten einen ziemlich festen Hefeteig kneten. Nach dem Aufgehen ausrollen und mit einem Glas Scheiben ausstechen. Die Zwiebeln nicht zu klein würfeln, glasig anbraten, mit Salz und Muskatnuß abschmecken. Auf jede Scheibe 1 Löffel Füllung legen, Kugeln oder Piroggen formen und mit einem Tuch zudecken. Gehen sie auf, mit dem verquirlten Ei bestreichen und in die vorgeheizte Röhre stellen. So lange backen, bis sie richtig gebräunt sind.

Speisen aus Gemüse und Pilzen

Blattsalat, polnisch

2 Kopf Blattsalat, $\frac{1}{8}$ l Sahne, Zitronensaft oder Essig, Salz, Zucker.

Den Salat abspülen, säubern und auf einem Sieb oder sauberen Leinentuch abtropfen lassen. Die Sahne mit Zitronensaft oder Essig, Zucker und Salz in beliebiger Menge verrühren. Den Salat kurz vor dem Auftragen mit der Soße begießen. – In manchen Landesteilen Polens wird die Soße zu Blattsalat nur gesüßt, d. h. ohne Essig zubereitet, woanders ist sie ziemlich sauer. Häufig wird der Salat auch mit gehackten hartgekochten Eiern, mit frischem Dill und anderem Grün serviert. Ob herzhaft oder süß – Blattsalat ist ein beliebter und willkommener Vitaminspender.

Rotkohlsalat

1 Kopf Rotkohl (etwa 750 g), 1 Zwiebel, Zitronensaft oder Essig von eingelegten Pflaumen, 1 großer saurer Apfel, einige Essigpflaumen, Salz, Zucker, Öl.

Vom Kohl die schadhaften Blätter entfernen, den Strunk herausschneiden und den Kohl kleinhobeln. In siedendes Salzwasser tauchen und auf starker Flamme kochen, bis er etwas weich wird; er soll jedoch knackig bleiben. Durch ein Sieb seihen und abkühlen lassen. Aus Öl, Essig oder Zitronensaft, Salz und Zucker eine Marinade zubereiten. Die Zwiebel kleinhacken, den geschälten Apfel grob raspeln, die Pflaumen in kleine Stücke schneiden. Alle Zutaten vermischen und die Soße darübergießen. Heiß zu Fleisch, besonders zu gebratenem Geflügel, auftischen. – In Pomorze wird dieser Salat süß abgeschmeckt und mit gemahlenem Zimt bestreut.

Sauerkrautsalat

300 g feines Sauerkraut, 1 Zwiebel, 1 Möhre, 3 Eßlöffel Öl, Zucker, Kümmel, Pfeffer.

Das Kraut ausdrücken und grob schneiden. Die Möhre putzen, waschen und grob raspeln. Die Zwiebel schälen und kleinhacken. Alle Zutaten zusammen mit dem Öl vermischen. Mit Kümmel, Zucker und Pfeffer abschmecken. Zu Fisch und gebratenem Fleisch servieren. – Sauerkraut wird zu vielen Rohkostsalaten verwendet. Dieses Rezept ist das einfachste und bekannteste.

Warschauer Gurkensalat

1 kg Gurken, ⅛ l Sahne, Salz, ½ Teelöffel Zucker, Zitronensaft oder Essig, Pfeffer, Dill.

Die Gurken waschen und schälen, dabei an der Blüte beginnen, dann hobeln. Salzen und leicht ausdrücken. Die Sahne verrühren, mit Salz, Zucker und Zitronensaft oder Essig abschmecken. Die Gurken kurz vor dem Auftragen mit der Soße vermischen und mit gemahlenem Pfeffer sowie frischem Dill bestreuen.

Rote-Rüben-Salat mit Meerrettich

750 g rote Rüben, Meerrettich, Weinessig, Salz, Zucker, Kümmel.

Die roten Rüben wie im vorigen Rezept kochen, schälen und in möglichst dünne Scheiben schneiden. Mit Weinessig begießen und einige Eßlöffel frisch geriebenen Meerrettich dazutun. Mit Salz, Zucker und Kümmel abschmecken. Die Rüben in einem Glasgefäß dicht schichten (die Essigbeize soll die Rüben völlig bedecken). So können sie bis zu 10 Tagen an einem kühlen Ort (im Kühlschrank) stehen, sind also eine Art Konserve. – Rote-Rüben-Salat mit Meerrettich wird in Polen besonders gern zu kaltem Fleisch gegessen.

Blattsalat mit Räucherspeck

2 Kopf Blattsalat, Zitronensaft oder Estragonessig, Salz, Zucker, 40 g Speck.

Den Salat wie im vorigen Rezept vorbereiten, dabei die großen Blätter halbieren. Den Speck klein würfeln, auslassen, nach dem Erkalten einige Eßlöffel Wasser, den Zitronensaft oder Essig dazugießen, mit Salz und Zucker abschmecken. Noch einmal anwärmen und über den in einer Schüssel servierten Salat gießen.

Spinat, polnisch

800 g Spinat, 1 Eßlöffel Butter oder Margarine, etwa ⅛ l Milch, 1 gestrichener Eßlöffel Mehl, Salz, 2 Knoblauchzehen, 3 hartgekochte Eier.

Den Spinat verlesen, entstielen und in viel Wasser abspülen, dabei das Wasser mehrmals erneuern. In einen Topf mit siedendem Salzwasser geben und kochen. Gut in einem Sieb abseihen und kleinhacken. Aus Butter und Mehl eine helle Einbrenne zubereiten, mit Milch ablöschen, aufkochen und zum Spinat geben. Mit Salz, etwas Zucker und dem zerriebenen Knoblauch abschmecken. Die gehackten hartgekochten Eier darüberstreuen.

Rote-Rüben-Gemüse

750 g rote Rüben, 150 g saure Äpfel, 1 Eßlöffel Mehl, 1 Eßlöffel Fett, ⅛ l saure Sahne, Salz, Zucker, Zitronensaft.

Die Rüben gründlich waschen, in der Schale kochen oder in der Röhre garen. Nach dem Erkalten schälen und grob reiben. Die Äpfel schälen, genauso grob reiben und mit den roten Rüben vermischen. Aus Fett und Mehl eine Einbrenne zubereiten, zu den Rüben geben, diese aufkochen. Mit Zukker, Salz und Zitronensaft abschmecken, dann die Sahne hineingießen. – Dies ist eine »obligate« Beilage zum Hasen in Sahnesoße und zum Rinderbraten.

Weißkohlgemüse mit Kartoffeln

1 kg Weißkohl, 500 g Kartoffeln, 50 g Schinkenspeck, 2 Eßlöffel Öl, 1 gehäufter Eßlöffel Mehl, Salz, Zucker, Essig, Knoblauch, Majoran, Estragon.

Den Kohl von welken und schadhaften Blättern befreien, abspülen und mit dem Strunk in grobe Würfel schneiden. Die geschälten und genauso geschnittenen Kartoffeln und ½ Liter Wasser dazugeben, salzen, das Öl hineingießen und den

Kohl weichkochen. Den in Würfel geschnittenen Speck auslassen, das Mehl zufügen, stark bräunen und den Kohl damit binden. Mit Salz, Essig, dem zerriebenen Majoran sowie dem zerdrückten Knoblauch und Estragon würzen. – Eine heute selten zubereitete, typische Bauernspeise, die besonders im Raum Poznań bekannt ist.

Erbsen mit Sauerkraut auf Mazowsze-Art

750 g Sauerkraut, 400 g gelbe Erbsen, 1 Zwiebel, 100 g Speck oder Schinkenspeck, 1 Eßlöffel Mehl, Salz, Pfeffer, Lorbeerblatt, Majoran, Kümmel.

Die Erbsen waschen und über Nacht in lauwarmem abgekochtem Wasser einweichen. Am nächsten Tag im selben Wasser kochen, vor Ende der Garzeit salzen. Das Sauerkraut wie im vorigen Rezept zubereiten, nur noch Kümmel dazutun. Aus dem ausgelassenen Speck, der Zwiebel und dem Mehl eine gebräunte Einbrenne machen. Kraut, Erbsen und Einbrenne miteinander vermischen und noch einen Moment dünsten. Mit Majoran abschmecken.

Altpolnisches Sauerkraut mit Pilzen

750 g Sauerkraut, 40 g getrocknete Pilze, 2 Zwiebeln, 2 Eßlöffel Öl, 1 Eßlöffel Butter, 1 gestrichener Eßlöffel Mehl, Salz, Pfeffer.

Die Pilze waschen, in lauwarmem abgekochtem Wasser einweichen und im selben Wasser weichkochen. Das Kraut ausdrücken und mit der gehackten Zwiebel, dem Pilzsud und dem Öl kochen. Ist es fast gar, die gekochten und in Streifen geschnittenen Pilze zufügen. Das Kraut mit einer Einbrenne aus Butter und Mehl binden. – Altpolnisches Sauerkraut mit Pilzen ist ein traditionelles Weihnachtsgericht in Mittelpolen. In manchen Haushalten werden die Pilze aus dem Kochwasser nicht in Stückchen geschnitten, sondern man brät die ganzen mit Mehl bestäubten Hütchen in Öl. Das mit den gebratenen Pilzen garnierte Kraut sieht nicht nur appetitlich aus, es ist auch sehr schmackhaft und wird zu Weihnachten oder an anderen Festtagen aufgetischt.

Warschauer Sauerkrautgemüse

500 g Sauerkraut, 100 g Speck oder Schinkenspeck, 1 Zwiebel, 1 Eßlöffel Mehl, Brühe von gekochten Rippchen, Salz, Pfeffer, Kümmel, 1 getrockneter Pilz.

Das Kraut ausdrücken, grob hacken, mit der Rippchenbrühe begießen, den eingeweichten getrockneten Pilz und den Kümmel dazutun, aufkochen. Eine Weile nicht zugedeckt kochen, dann zudecken und etwa 40 Minuten auf kleiner Flamme weiterkochen. Den Speck in Würfel schneiden, auslassen, die gehackte Zwiebel dazugeben, anbraten. Mehl daraufgeben, bräunen und das Kraut damit binden. Mit Salz und Pfeffer abschmecken. – Das so zubereitete Kraut schmeckt aufgewärmt am nächsten Tage noch besser.

Steinpilze in Sahne

500 g Steinpilze, 1 Zwiebel, 1 Eßlöffel Fett, Pfeffer, Salz, Mehl, ⅛ l Sahne.

Die Pilze gründlich waschen, abtropfen lassen und zusammen mit den Stielen hacken. Die Zwiebeln würfeln, in Fett leicht anbraten, die Pilze hineingeben, salzen und im eigenen Saft nicht zugedeckt dünsten. Sind sie weich, mit Mehl bestäuben, mit Sahne begießen und noch einmal aufkochen. Mit Salz und Pfeffer abschmecken.

Gedünstete Butterpilze

500 g frische Butterpilze, 2 Zwiebeln, 1 Eßlöffel Fett, evtl. 100 g Schinkenspeck, Pfeffer, Piment, 1 kleines Lorbeerblatt, 1 Eßlöffel Mehl.

Die Butterpilze putzen (von den Hütchen die Haut abziehen), gründlich waschen und ziemlich grob schneiden. Die Zwiebeln hacken und mit den Pilzen in einen Topf mit heißem Fett geben. Salzen, würzen und dünsten, bis sie weich sind, dabei häufig umrühren. Vor dem Auftragen mit Mehl binden. – Fügt man den ausgelassenen Speck hinzu, ergibt dies ein sättigendes Mittagessen.

Fischgerichte

Karpfen in Rotweinsoße

1 Karpfen (etwa 1,2 kg), 1 Zwiebel, Lorbeerblatt, Pfeffer, 1 Bund Suppengemüse, 50 g Butter, 50 g Mehl, gemahlene Gewürznelken, 50 g altbackener Pfefferkuchen, 1 Gläschen Rotwein, Zitronensaft, 30 g Rosinen, 30 g Mandeln, Zucker, Salz.

Den Fisch säubern, ausnehmen, nur den Kopf abschneiden. In einem großen Gefäß, am besten in einer Fischpfanne mit Dämpfeinsatz, eine kräftige Brühe aus Gemüse und Gewürzen zubereiten, abseihen, den Fisch in die siedende Brühe legen und auf sehr kleiner Flamme kochen. Den weichen Fisch (er darf aber nicht zerfallen) vorsichtig herausnehmen. Die Brühe abdampfen lassen. Aus Fett und Mehl eine braune Einbrenne machen, die Brühe damit binden und mit Salz, Zitronensaft, Nelken, Wein und dem fein geriebenen Pfefferkuchen, evtl. auch mit Zucker, abschmecken. Zum Schluß die gewaschenen und vorher eingeweichten Rosinen sowie die abgezogenen und gehobelten Mandeln hinzufügen. (Früher haben die Hausfrauen die Soße mit Karamel goldgelb gefärbt.) Den Fisch in die Soße geben und eine Weile anwärmen. Er muß im ganzen auf einer Platte serviert werden. – Karpfen in grauer Soße ist eine Spezialität in Pomorze.

Weihnachtskarpfen, gebraten

1 Karpfen (etwa 1 kg), einige Eßlöffel Mehl, Bratöl, Salz, Pfeffer.

Den gesäuberten, ausgenommenen Karpfen gründlich waschen, abtrocknen und quer in Stücke schneiden (ist der Fisch sehr groß, kann man jede Portion noch halbieren, dabei die Mittelgräte entfernen). Die Fischstücke mit Salz und Pfeffer bestreuen und für 1 Stunde in den Kühlschrank stellen. Das Öl in einer großen Bratpfanne erhitzen. Den Fisch mit gesiebtem Mehl bestäuben und in das heiße Öl geben. Auf beiden Seiten braten, dabei darauf achten, daß die Fischstücke innen nicht roh bleiben. Dann einige Minuten in die Röhre stellen oder auf kleiner Flamme ziehen lassen. Den garen Fisch herausnehmen, auf einer länglichen Platte anrichten und geriebenen Meerrettich dazu reichen.

Hecht, gedünstet

1 Hecht (etwa 1,5 kg), 4 Zwiebeln, 1 Teelöffel Pfeffer, 3 Lorbeerblätter, 5 Pimentkörner, 100 g Butter, 1 altbackenes Brötchen, 2 Eier, Salz, Zucker.

Den Fisch säubern und ausnehmen, ohne den Bauch aufzuschneiden (nur den Kopf abschneiden und durch die Öffnung die Eingeweide entfernen). Das altbackene Brötchen in Milch einweichen, 2 Zwiebeln möglichst klein hacken. Die Butter schaumig rühren, das ausgedrückte Brötchen und die Zwiebel dazutun, dabei ständig umrühren, zum Schluß die Eier hineinschlagen. Die Füllung mit Salz und Pfeffer abschmecken, dabei den Zucker nicht vergessen. Den Hecht füllen, in einen Topf legen, mit 2 geschnittenen Zwiebeln belegen, etwas Wasser angießen, würzen, salzen und sehr langsam zugedeckt dünsten. Den weichen Fisch aus der Brühe nehmen. Die Zwiebeln durch ein Sieb passieren, zur Soße geben. Die Soße mit Pfeffer, Salz und Zucker abschmecken und über den auf einer Platte angeordneten Fisch gießen. Wenn man ihn in den Kühlschrank stellt, erstarrt die Soße zu Gelee.

Forelle, polnisch

4 Forellen (jede etwa 300 g), 3 Möhren, 2 Petersilienwurzeln, 2 Zwiebeln, Lorbeerblatt, Basilikum, Salz, gemahlener Pfeffer, Zucker, 3 hartgekochte Eier, 1 Eßlöffel Butter, Petersilie.

Die Fische waschen, säubern und ausnehmen. Das geputzte und gewaschene Gemüse in Scheiben schneiden, Wasser darübergießen, die Gewürze dazutun, salzen und eine kräftige Brühe kochen. Durchseihen und die Fische im ganzen in die siedende Brühe legen. Auf sehr kleiner Flamme etwa 30 Minuten kochen. Die Eier kleinhacken. Die Butter zerlassen, mit der Hälfte der Eier und der gehackten Petersilie vermischen. Die Fische auf einer länglichen Platte anordnen, die Butter mit den Eiern darübergeben, oben mit den restlichen gehackten Eiern bestreuen. Heiß auftragen.

Heringe in Öl

500 g Heringe, 2 Zwiebeln, Öl, Zitronensaft.

Die Heringe wässern, säubern, die Haut abziehen, die Gräten entfernen, dann in kleine Stückchen (2 cm groß) zerteilen. Die Zwiebeln schälen, kleinhacken oder halbieren und in dünne Scheiben schneiden. Die Heringe auf einer Platte anordnen, mit den Zwiebelscheiben garnieren sowie mit Zitronensaft und Öl beträufeln.

Marinierte Heringe

1 kg Salzheringe, 2 Zwiebeln, 1 Möhre, 2 Lorbeerblätter, 2 Pimentkörner, einige Senfkörner, 1 Teelöffel Zucker, $\frac{1}{8}$ l Essig.

Die Heringe wässern, säubern, die Haut abziehen, die Gräten entfernen. Jede Fischhälfte in 2 Stücke teilen. Möhre und Zwiebeln putzen, spülen, in Scheiben schneiden, mit siedendem Wasser überbrühen und mit kaltem übergießen. ⅛ Liter Wasser zum Essig geben, mit den Gewürzen aufkochen und abkühlen. In einem großen Glasgefäß die Heringe abwechselnd mit Zwiebeln- und Möhrenscheiben schichten. Die Marinade darübergießen und die Heringe 3 Tage an einen kühlen Ort stellen. – Die so zubereiteten Heringe werden meistens mit Kartoffeln, häufig mit Pellkartoffeln, aufgetragen.

Grüne Heringe auf Pomorze-Art

1 kg grüne Heringe, Mehl, Öl, Salz, 250 g Gemüse (Möhren, Petersilienwurzel, Sellerieknolle), 2 Zwiebeln, ⅛ l Weinessig, Knoblauch, Lorbeerblatt, Pfeffer und Piment.

Die Heringe säubern, ausnehmen, waschen und die Köpfe abschneiden. Die Fische salzen, mit Mehl bestäuben und in heißem Öl auf beiden Seiten braten. Das Gemüse putzen, waschen, raspeln und anschließend dünsten, dabei etwas Wasser angießen sowie Lorbeerblatt und Piment zufügen. Ist das Gemüse weich, den Essig darübergießen, mit Salz und Pfeffer, dem zerriebenen Knoblauch und etwas Zucker süßsauer abschmecken. Nach dem Abkühlen die Heringe hineingeben und 2 Tage an einen kühlen Ort stellen.

Kuchen

Osternapfkuchen

500 g Mehl, 80 g Hefe, 8 Eigelb, ¼ l Milch, 200 g Butter oder Margarine, 180 g Zucker, Zitronen- und Apfelsinenschale, 50 g Rosinen, 30 g Mandeln, ½ Vanilleschote.
Glasur: 100 g Puderzucker, 1 Eiweiß, 1 Päckchen Vanillinzucker.

Die Eigelb mit Zucker und Vanille schaumig rühren (die Rührschüssel am besten in einen Topf mit siedendem Wasser stellen). Das Fett zerlassen und an einen warmen Ort stellen. Die Hefe mit 1 Teelöffel Zucker und ⅛ Liter lauwarmer Milch verrühren, zudecken und warm stellen. Ist sie auf das Doppelte aufgegangen, zu dem vorher gesiebten und leicht angewärmten Mehl geben, die Eigelb und die restliche

Milch dazutun, dann den Teig so lange verarbeiten, bis er sich von den Händen und der Schüssel löst, die zerlassene Butter und die von den gut gewaschenen Zitrusfrüchten abgeriebene Schale zufügen. Den Teig noch eine Zeitlang kneten, wieder zudecken und zum Aufgehen warm stellen. Den aufgegangenen Teig bis zur halben Höhe in eine mit Butter gefettete Form füllen (die herkömmlichen Formen waren ziemlich hoch und hatten gerillte Ränder), erneut zudecken und warm stellen. Wenn der Teig die Form ganz ausfüllt, in die bis 180 °C vorgeheizte Backröhre stellen und 30 bis 40 Minuten backen. Ist das in die Mitte des Kuchens eingestochene Holzstäbchen nach dem Herausziehen trocken, den Herd abschalten und die Tür öffnen. Den leicht abgekühlten Napfkuchen herausnehmen.
Glasur: Eiweiß und Puderzucker in einer Schüssel gut verrühren, bis die Masse fast steif und locker ist. Mit Vanillinzucker und etwas Zitronensaft abschmecken. Den Kuchen glasieren und für eine Weile in die lauwarme Röhre stellen, damit das Eiweiß steif wird. – Einst wurde dieser Napfkuchen aus 100 und mehr Eigelb sowie einer Unmenge von Butter gebacken. Die Zubereitung desselben war das größte Ereignis der Osterwoche. Herrlich glasiert, gut aufgegangen und locker, war dieser Kuchen der Stolz jeder Hausfrau und ein immer willkommener Schmaus für die Familie.

Schokoladenmazurek

500 g Zucker, 250 g Schokolade, 200 g Mandeln, 100 g Butter, Orangeat, Oblaten oder Waffeln.

Die Mandeln waschen und, ohne sie abzuziehen, durch den Fleischwolf drehen. $\frac{1}{8}$ Liter Wasser aufkochen, den Zucker hineinschütten und die Schokolade dazutun. Beginnt die Flüssigkeit zu sieden, Mandeln und Butter zufügen. Unter ständigem Rühren kochen, bis die Masse dicklich wird. Mit der leicht abgekühlten Masse die Oblaten oder Waffeln bestreichen. Den Kuchen mit Orangeat und abgezogenen süßen Mandeln garnieren. In den Kühlschrank stellen. In kleine Rechtecke geteilt auftragen. – Mazurek ist eine traditionelle Spezialität der polnischen Küche. Er war einst die Zierde des Ostertisches.

Königsmazurek

300 g Weizenmehl, 200 g Butter, 100 g Puderzucker, 3 hartgekochte Eigelb, 100 g süße Mandeln.
Glasur: 300 g Zucker, $\frac{1}{2}$ Eßlöffel Essig, etwas Wasser, Saft einer Zitrone; abgetropftes Obst von Konfitüre.

Die Mandeln brühen, abziehen und kleinhacken oder im Mörser zerkleinern. Das auf ein Nudelbrett gesiebte Mehl und die Butter mit dem Messer untereinanderhacken, so daß kleine Klümpchen entstehen. Dann die durch ein Sieb gestrichenen Eigelb, den Zucker und die Mandeln zufügen. Schnell einen Teig kneten und diesen einige Stunden im Kühlschrank »rasten« lassen. Ein großes Blech mit Butter einfetten und etwa $\frac{3}{4}$ des Teiges dünn ausgerollt darauf verteilen; aus dem Rest bleistiftdünne Rollen formen und als gleichmäßiges Gitter auf den Teig legen, dabei entlang der

Ränder eine Zierkante ziehen. In die stark erhitzte Röhre stellen. Den goldbraunen Kuchen herausnehmen und vorsichtig auf ein Brett schieben.
Glasur: Zum Zucker siedendes Wasser gießen und auf starker Flamme kochen, dabei ständig umrühren. Hat sich der Zucker aufgelöst, den Essig dazugießen und den Sirup weiterkochen. Wenn ein vom Löffel fließender Tropfen einen Faden bildet, den Sirup von der Flamme nehmen, in eine Schüssel gießen und mit kaltem Wasser beträufeln. Leicht abkühlen lassen und mit einem Holzlöffel tüchtig rühren, dabei den Zitronensaft hineinträufeln. Die fertige Glasur soll weiß und sehr dick sein. Den ganzen Mazurek damit bestreichen. In die Gitterfelder je eine Frucht der Konfitüre, am besten Sauerkirschen, legen.

Mohnrolle

500 g Mehl, ¼ l Milch, 40 g Hefe, 130 g Zucker, ½ Teelöffel Salz, 4 Eigelb, 150 g Butter oder Margarine, Mandelaroma, Zitronenschale.
Mohnmasse: 250 g Mohn, 100 g Zucker, 3 Eßlöffel Honig, 1 Eiweiß, 50 g Butter, 30 g Orangeat, 40 g Mandeln, 40 g Rosinen, Vanille.

Das Mehl sieben. Die Hefe mit 1 Teelöffel Zucker, der Hälfte der Milch und 3 Eßlöffel Mehl verrühren. 100 g Mehl mit der restlichen siedenden Milch überbrühen und so verquirlen, daß keine Klümpchen bleiben. Die Hefe hinzufügen, sahnig rühren und an einem warmen Ort zugedeckt gehen lassen. Die Eigelb mit Zucker und Salz im Dampfbad schaumig rühren, zum Vorteig geben, ebenso das restliche Mehl. Den Teig so lange durcharbeiten, bis er sich von den Händen löst. Dann langsam die zerlassene Butter dazugießen und den Teig weiter verarbeiten, bis er das Fett aufgenommen hat. Das Aroma und die von der in heißem Wasser gewaschenen Zitrone abgeriebene Schale zufügen. Den zugedeckten Teig gehen lassen. Inzwischen die Mohnfülle zubereiten. Den Mohn waschen, abseihen, mit siedendem Wasser übergießen und unter Rühren aufkochen. Dann in ein mit Gaze ausgelegtes Sieb geben. Nach dem Abtropfen zweimal durch den Fleischwolf drehen. Die Butter in einem Topf zerlassen, den Mohn dazugeben, ebenso den Zucker, Honig, das gewürfelte Orangeat, die gewaschenen und eingeweichten Rosinen sowie die abgezogenen und gehackten Mandeln. Die Masse etwa 10 bis 15 Minuten garen, dabei ständig umrühren und dann die Mohnmasse etwas abkühlen lassen. Danach vorsichtig den Eischnee unterheben. Den aufgegangenen Teig zu einem etwa 1 cm dicken Rechteck ausrollen. Mit verquirltem Ei oder nur mit Eiweiß bestreichen. Die Mohnfülle, sie soll noch lauwarm sein, gleichmäßig auf den Teig verteilen, an den Rändern etwa 1 cm freilassen. Den Teig zusammenrollen und in eine schmale hohe Kuchenform geben. Noch einmal für etwa ½ Stunden beiseite stellen. Den aufgegangenen Teig mit verquirltem Ei bestreichen und in die auf etwa 200 °C vorgeheizte Röhre stellen. Die Mohnrolle wird etwa 45 Minuten gebacken. Sie soll an der Oberfläche appetitlich gebräunt sein. Man kann sie nach dem Backen und Abkühlen glasieren und mit Mohn bestreuen oder mit Orangeat garnieren. Diese appetitliche Mohnrolle ist eine Zierde auf jeder Kaffeetafel.

Warschauer Pfannkuchen

500 g Mehl, 7 Eigelb, $\frac{1}{4}$ l Milch oder süße Sahne, 100 g Zukker, 100 g Fett, 100 g Hefe, 1 Eßlöffel Weinbrand, 1 Eßlöffel Rum, 250 g Konfitüre, am besten aus Rosenblättern, 150 g Puderzucker zum Bestreuen, etwa 750 g Schmalz.

Die Hefe mit $\frac{1}{8}$ Liter lauwarmer Milch oder Sahne und einigen Eßlöffeln Mehl verrühren und, wenn sie zu treiben beginnt, die mit dem Zucker am besten im Dampfbad schaumig gerührten Eier, den Weinbrand, Mehl, das zerlassene Fett und die restliche Milch oder Sahne zufügen. Alle Zutaten gut mit den Händen oder dem Knethaken der Küchenmaschine so lange verarbeiten, bis sich der Teig von der Schüssel löst. Dann mit einem Tuch zudecken und an einem warmen Ort gehen lassen. Den auf das Doppelte aufgegangenen Teig portionsweise auf ein mehlbestäubtes Nudelbrett legen und 3 bis 4 cm dick ausrollen. Mit einem Glas Scheiben ausstechen, einen Teelöffel Konfitüre darauflegen, die Teigstücke zu Kugeln formen und auf ein mehlbestäubtes Tuch legen. (Manche polnischen Hausfrauen formen die Pfannkuchen mit den in zerlassenes Fett getauchten Händen: Sie reißen ganz einfach ein Stück Teig ab, drücken es auf der Handfläche platt, legen Konfitüre hinein und formen etwa walnußgroße Kugeln). Die erneut aufgegangenen Pfannkuchen in das in einem großen, flachen Topf mit dikkem Boden erhitzte Schmalz geben und etwa 5 Minuten auf jeder Seite bräunen. Im Topf muß soviel Schmalz sein, daß die Pfannkuchen frei schwimmen. Sehr wichtig ist auch die Temperatur des Fetts: Springt ein in den Topf geworfenes Stückchen geschälte Kartoffel sofort vom Boden ab und wird gleich bräunlich, kann man die Pfannkuchen backen. Die ausgebackenen Pfannkuchen auf Küchenkrepp legen, gut abtropfen lassen, noch warm mit Puderzucker bestreuen und auf einer runden Platte zu einer Pyramide anordnen. – Dieser Leckerbissen der Wiener Küche ist in Polen seit langem beliebt. Pfannkuchen werden – wie typischer Faschingskuchen – herkömmlich am letzten Donnerstag vor Aschermittwoch gebacken, also fast zu Ende des Faschings.

Schürzkuchen

500 g Mehl, 80 g Fett, 5 Eigelb, Sahne, 1 Eßlöffel Weinbrand, 500 g Schmalz, Puderzucker, Vanillinzucker.

Das gesiebte Mehl mit dem Fett (am besten mit Butter oder Margarine direkt aus dem Kühlschrank) untereinanderhakken, die Eigelb hineinschlagen, einige Eßlöffel Sahne (ihre Menge richtet sich nach der Konsistenz des Teiges) und den Weinbrand dazutun, den Teig etwas salzen und mit dem Messer verarbeiten. Weiter mit den Händen kneten, dann mit dem Nudelholz schlagen oder so lange auf das Brett klopfen, bis der Teig Luftblasen zeigt. Den Teig portionsweise möglichst dünn ausrollen (den restlichen Teig mit einer Schüssel zudecken, damit er nicht austrocknet) und lange, 2 cm breite Streifen schneiden. Jeden Streifen in der Mitte mit einem Schlitz versehen und jeweils ein Ende durch diesen Schlitz ziehen. Das Schmalz in einem großen Topf mit dickem Boden zerlassen. Springt ein hineingetauchtes Stückchen Teig vom Boden ab und wird goldbraun, dann kann mit dem Ausbacken der Schürzkuchen begonnen werden, aber immer nur eine Schicht, damit sie nicht aneinander stoßen. Die goldbraun ausgebackenen Stücke mit der Gabel wenden, kurz herausnehmen und auf Küchenkrepp abtropfen lassen. Puderzucker mit Vanillinzucker vermischen und die noch warmen Schürzkuchen reichlich bestreuen. – Schürzkuchen sind in der polnischen Küche bereits seit Mitte des 19. Jahrhunderts bekannt.

Honigpfefferkuchen

750 g Honig, ⅛ l Wasser, 1 Stückchen getrocknete Apfelsinenschale, ½ Teelöffel gemahlene Gewürznelken, 1 Teelöffel gestoßener Anis, 400 g Roggenmehl, 2 Eier, 1 Eigelb, 1 Teelöffel Natron, 1 kleines Gläschen Weinbrand, Mandeln, Orangeat, Backobst.

Den Honig mit Wasser, Apfelsinenschale, Nelken und Anis aufkochen. Mit dem leicht gebräunten siedenden Honig das Mehl abbrühen. Den Teig gut durcharbeiten (am besten mit dem Mixer), damit er keine Klümpchen hat. Die 2 Eier hineinschlagen und die Masse weiter verarbeiten. Ist der Teig abgekühlt, das in Weinbrand aufgelöste Natron und das Eigelb dazutun, noch einmal durcharbeiten. Das gehackte Backobst zugeben. Den Teig in eine gebutterte Kuchenform füllen und 45 Minuten bis zu 1 Stunde bei etwa 200 °C backen. Den fertigen Pfefferkuchen kann man glasieren oder, bevor man ihn in die Röhre stellt, mit verquirltem Ei bestreichen und mit Mandelhälften garnieren. – Es gibt zwei

Städte in Europa, die ob ihrer Pfefferkuchen berühmt sind: Nürnberg und Toruń. Dieses Rezept stammt vom Ende des 19. Jahrhunderts von der hervorragenden polnischen Köchin Lucyna Ćwierczakiewiczowa. Ein anderer Name dieses polnischen Gebäcks ist Honigkuchen.

Toruńer Katharinchen

5 Eßlöffel Honig, 4 Gewürznelken, ½ Teelöffel Zimt, 1 Teelöffel abgeriebene Zitronenschale (kann getrocknet sein), 300 g Mehl, 20 g Fett, 60 g Zucker, 1 Ei, 10 g Natron, Ei zum Bestreichen, Fett zum Einfetten des Bleches.

Den Honig mit Zimt und Nelken bräunen, 1 Eßlöffel kaltes Wasser dazugießen, abkühlen lassen. Auf dem Nudelbrett Mehl und Fett untereinanderhacken, mit Zucker und abgeriebener Zitronenschale vermischen, den Honig hinzugießen und das Ei hineinschlagen. Den Teig gut durcharbeiten und für mindestens ½ Stunde in den Kühlschrank stellen. Das Natron in 2 Eßlöffel abgekochtem lauwarmem Wasser auflösen und zum Teig geben. Den Teig erneut durcharbeiten, ½ cm dick ausrollen und kleine Plätzchen ausstechen. In ziemlich großen Abständen auf ein gefettetes Blech legen und mit verquirltem Ei bestreichen. In der heißen Röhre backen. Nach dem Backen kann man die Pfefferkuchen glasieren, z. B. mit Pfefferminzguß. Dazu muß man ½ Glas Puderzucker mit heißem Wasser gut verrühren und zum Schluß 3 Tropfen Pfefferminzessenz zufügen. Die Pfefferkuchen können auf Vorrat gebacken werden. – Katharinchen wurden angeblich schon Anfang des 17. Jahrhunderts gebakken. Sie hatten verschiedene Formen und waren mit bunter Glasur überzogen und mit Marzipan garniert. Sie sind nach wie vor besonders zu Weihnachten sehr beliebt. Daher nennt man sie in manchen Regionen Polens auch »Nikolausplätzchen«.

Krakauer Quarkkuchen

Teig: 250 g Mehl, 100 g Butter oder Magarine, 200 g Puderzucker, 1 Ei, 3 Eßlöffel Sahne.
Quarkmasse: 1 kg Quark, 250 g Zucker, 150 g Butter, 7 Eier, 1 Eßlöffel Kartoffelmehl, Orangeat, 50 g Rosinen, ½ Vanilleschote.

Das gesiebte Mehl mit dem Fett untereinanderhacken, Zukker, Ei und Sahne dazutun und kurz einen Teig kneten. In Pergamentpapier einhüllen und an einen kühlen Ort stellen (z. B. in das unterste Fach im Kühlschrank). Den Quark durch den Fleischwolf drehen. Die Butter mit dem Zucker schaumig rühren, die Dotter einzeln hineinschlagen, den Quark zufügen und alles gut verrühren. Das Eiweiß steif schlagen und unter die Quarkmasse heben, das Orangeat, die gewaschenen und mehlbestäubten Rosinen und die zerriebene Vanilleschote untermischen. Den Teig ausrollen und mit zwei Drittel davon ein Kuchenblech auslegen. Den Teig dicht mit einer Gabel einstechen und in der heißen Röhre backen. Dann die Quarkmasse darauf verteilen und glattstreichen. Vom restlichen Teig Rollen formen und auf der Quarkmasse zu einem Gitter anordnen. Mit verquirltem Ei bestreichen. Bei Mittelhitze in die Röhre stellen, damit die Masse steif wird. – Quarkkuchen wird traditionell zu Ostern, aber auch sonst häufig gebacken. Außer dem Krakauer Quarkkuchen gibt es den Wiener Quarkkuchen, der keinen Teigboden hat.

Plinsen

350 g Mehl, ½ l dicke Milch oder Kefir, 3 Eier, 2 Eßlöffel Öl, 1 Eßlöffel Zucker, Zitronenschale, 1 Teelöffel Backpulver, 1 Messerspitze Salz, Bratöl, Obstsaft oder Kirschkonfitüre.

Das mit dem Backpulver vermischte gesiebte Mehl in ein Gefäß schütten, die Eigelb hineinschlagen, dicke Milch, Öl und Zucker dazugeben. Den Teig mit einem Holzlöffel rühren, den Eischnee unterheben und die von der gut gewaschenen Zitrone abgeriebene Schale zufügen. Das Öl in einer tiefen Pfanne stark erhitzen, den Teig löffelweise hineingeben und runde Plinsen auf beiden Seiten goldbraun backen. Heiß, mit Puderzucker bestreut, mit Sahne, Obstsaft oder Konfitüre übergossen, auftragen. – Diese bescheidene Abart der Pfannkuchen stammt aus der bäuerlichen Küche. Heute werden Plinsen nicht mehr als Nachspeise aufgetischt, sondern eher als leichter, süßer zweiter Gang nach Suppe mit Fleisch, z. B. Flecken oder Barschtsch auf Małopolska-Art.

Nachspeisen

Weihnachtskompott

50 g getrocknete Äpfel, 50 g getrocknete Birnen, 100 g Dörrpflaumen, $\frac{3}{4}$ l Wasser, $\frac{1}{2}$ Teelöffel Anis, 80 bis 100 g Zucker, Schale und Saft einer Zitrone.

Das Dörrobst sehr gründlich in lauwarmem Wasser waschen. Über Nacht in abgekochtem Wasser einweichen. Am nächsten Tag abseihen und aus dem Einweichwasser, Zucker, Zitronenschale und Anis einen Sirup kochen. In die siedende Flüssigkeit das Obst geben und noch eine Weile kochen. Von der Flamme nehmen, mit Zitronensaft abschmecken und zugedeckt abkühlen lassen. – Dieses Kompott wurde in der altpolnischen Küche mit Nudeln unter dem Namen »Garus« als Suppe serviert.

Weihnachts-Kutia

300 g geschälten Weizen einweichen und so kochen, bis er völlig gar ist, dabei das Wasser einige Male wechseln. Den weichen Weizen mit der nach dem Rezept „Mohn mit Küchlein“ (Seite 79) zubereiteten Mohnmasse vermischen, abkühlen lassen und kalt servieren.

Apfelkompott

500 g Äpfel, 4 Eßlöffel Zucker, 1 Stückchen Apfelsinenschale, 2 Gewürznelken.

½ Liter Wasser mit Zucker, Apfelsinenschale und Nelken aufkochen. Die Äpfel schälen, in Achtel teilen und entkernen. In die siedende Flüssigkeit geben, aufkochen und noch 3 Minuten auf schwacher Flamme halten. Zugedeckt abkühlen lassen. Dann in den Kühlschrank stellen. – Dies ist eine beliebte, fast das ganze Jahr über zubereitete Nachspeise. Sie wird auch zu gebratenem Geflügel und Kalbfleisch serviert.

Reis mit Äpfeln

400 g Reis, 1 ½ Glas Milch, 600 g Äpfel, etwa 5 Eßlöffel Zucker, 2 Eßlöffel Butter, Rosinen, Salz, gemahlener Zimt, ⅛ l Sahne.

Den Reis in der Milch mit 1 Messerspitze Salz und Zimt körnig kochen. Die Äpfel schälen und raspeln oder hobeln, dann mit dem Zucker und den abgespülten Rosinen vermischen. In einem gefetteten Topf den Reis und die Äpfel abwechselnd schichten. Die gezuckerte und mit Zimt abgeschmeckte Sahne darübergießen. Den Reis in der heißen Röhre überbacken. Heiß oder kalt mit Milchsoße servieren.

Äpfel im Schlafrock

3 Eier, 2 Eßlöffel Mehl, 1 Eßlöffel Zucker, 1 Eßlöffel Butter, 4 Äpfel, Zimt, Schmalz.

Die Äpfel schälen, entkernen und in Scheiben schneiden. Butter und Zucker schaumig rühren, die Eigelb hinzufügen, dann vorsichtig mit Mehl und Eischnee vermischen. Die Äpfel mit Zimt bestäuben, jede Scheibe in Teig tauchen und in das heiße Schmalz legen. Auf beiden Seiten bräunen. Mit Puderzucker bestreut auftragen.

Mohn mit Küchlein

250 g Mohn, 125 g Honig, 1 Vanilleschote, 50 g Mandeln, 50 g Walnüsse, 100 g Rosinen, 1 Gläschen Apfelsinenlikör.
Teig: 120 g Mehl, 30 g Zucker, 50 g Butter.

Den Mohn gut waschen, mit Wasser überbrühen und in einem Sieb abseihen. Zweimal durch den Fleischwolf drehen und in einer großen Tonschüssel mit etwas flüssigem Honig gut verrühren, zum Schluß die restlichen Zutaten beigeben: Mandeln, die geschälten und gehackten Nüsse, die abgespülten Rosinen, die mit Zucker zerriebene Vanilleschote und den Likör.
Aus Mehl, Fett und Zucker einen festen Teig kneten und für 1 Stunde in den Kühlschrank stellen. Dünn ausrollen, in Rhomben schneiden und in der heißen Röhre backen. Die Mohnmasse in einer Schüssel mit den Küchlein verzieren.

Paßcha

500 g Quark, 150 g Butter, 8 Eigelb, 350 g Zucker, 1 Vanilleschote, 50 g Rosinen, 50 g Walnüsse, 50 g Mandeln, 30 g Datteln, 30 g getrocknete Feigen, 2 Eßlöffel Orangeat.

Den Quark durch den Fleischwolf drehen (ist er zu trocken, 2 bis 3 Eßlöffel süße Sahne hinzufügen). Butter und Zucker schaumig rühren, dann die Eigelb einzeln hineinschlagen. Das Obst kleinhacken. Die Eigelbmasse mit dem Quark noch etwas schaumig schlagen, damit sie glatt ist, dann die übrigen Zutaten hineingeben. Im Kühlschrank kalt werden lassen, mit Obst aus Konfitüre garnieren und zu Ostern als Nachspeise auftragen. – Paßcha ist ein Leckerbissen der russischen Küche. Die Sitte, diese Speise zu Ostern aufzutragen, hat sich vor Jahrhunderten in Polen eingebürgert.

Striezel

Götterspeise

Plinsen

Reis mit Äpfeln

Konfitüren

Pfannkuchen
Schürzkuchen

Mohnrolle

Osternapfkuchen
Mazurek

Krakauer Quarkkugeln

500 g Quark, 100 g Mehl, 100 g Zucker, 50 g Butter oder Margarine, 5 Eier, 3 Eßlöffel Sahne, Vanillinzucker, Salz und Bratfett.

Den Quark durch den Fleischwolf drehen und schaumig rühren, dabei der Reihe nach die Eier, Zucker, Vanillinzukker, Butter oder Magarine, Mehl, Sahne und zum Schluß 1 Messerspitze Salz zufügen. Kugeln formen und leicht platt drücken. In heißes Fett legen und auf beiden Seiten bräunen. Heiß, mit Puderzucker bestreut, mit Schlagsahne oder Konfitüre servieren. Quarkkugeln kann man auch gesalzen zubereiten.

Süßspeise aus Grieß

6 Eier, 100 g Puderzucker, ⅛ l Sahne, 100 g Grieß, 100 g Mandeln, ½ Vanilleschote.

Die Eigelb mit der Hälfte des Zuckers schaumig rühren. Die Sahne dazugießen, den Grieß hineinschütten, gut verrühren und für 1 Stunde beiseite stellen. Ist der Grieß ausgequollen, den restlichen Zucker, die abgezogenen und gemahlenen Mandeln sowie die zerkleinerte Vanille dazutun. Zum Schluß den aus dem übrigen Eiweiß geschlagenen Eischnee unterheben und die Masse in eine gefettete und mit Semmelbröseln ausgestreute Form geben. Bei Mittelhitze in der Röhre überbacken. Mit Schokoladensoße servieren.

Götterspeise

200 g Butter, 10 Eier, 150 g Zucker, 2 Teelöffel gestoßene Gewürze (Zimt, Gewürznelken, Ingwer, Muskatnuß, Anis, Zitronen- und Apfelsinenschale), 200 g trockenes, gemahlenes Schwarzbrot, Rosinen und Mandeln.

Butter und Zucker schaumig rühren, die Eigelb einzeln hineinschlagen, die Gewürze hinzufügen, dann den Eischnee unterheben, das gemahlene Brot, die Mandeln und Rosinen dazutun. Etwa 45 Minuten in nicht zu heißer Röhre backen. Mit Mandelsoße auftragen.

Moosbeergelee

200 g Moosbeeren, 4 Teelöffel Kartoffelmehl, 3 Eßlöffel Zucker.

Die Moosbeeren verlesen, in einem Sieb abspülen und abseihen. ½ Liter Wasser mit dem Zucker aufkochen. Das Obst dazugeben, eine Weile kochen, durch ein Sieb passieren und mit ⅛ Liter siedendem Wasser auffüllen. Das Kartoffelmehl in kaltem Wasser anrühren und in das siedende Mus geben. Nach dem Aufkochen von der Flamme nehmen. Das abgekühlte Gelee mit Schlagsahne auftragen.

Konserviertes

Pflaumenmus

Für Pflaumenmus eignen sich am besten sog. Hauszwetschen. Die Früchte müssen überreif und am Stielansatz schon etwas welk sein. Die Pflaumen verlesen, waschen, abtrocknen und entsteinen. In einen Topf mit dickem Boden geben. Mit etwas Wasser zerkochen oder zugedeckt in die heiße Röhre stellen. Ist das Obst mit Saft bedeckt, den Deckel abnehmen und das Mus eine Zeitlang auf sehr kleiner Flamme kochen, dabei häufig umrühren. Dann vom Feuer nehmen und am nächsten Tag weiterkochen, dabei immerfort umrühren. Wenn im Topf eine dunkle, glasige Masse entsteht, die in großen Stücken vom Löffel fällt, ist das Pflaumenmus fertig. Zum Schluß kann man etwa 200 Gramm Zucker je 1 Kilogramm Obst zugeben. Um das

Aroma zu verbessern, können Apfelsinenschale und Gewürznelken zugefügt werden. Das fertige Pflaumenmus in ausgebrühte Gläser füllen und gleich verschließen.

Himbeersirup

1 kg Himbeeren, 500 g Zucker.

Das Obst verlesen, waschen, auf dem Sieb gut abtropfen lassen und im Entsafter den Saft ausdrücken. Diesen in einen Emailletopf gießen, den Zucker dazuschütten und etwa 20 Minuten kochen, dabei den Schaum entfernen. Den heißen Sirup in ausgebrühte Flaschen gießen, verschließen und 20 Minuten bei 90 °C sterilisieren. – Wie ein bäuerliches Rezept besagt, ist heißer Tee mit Himbeersaft ein ausgezeichnetes Mittel gegen Grippe.

Preiselbeeren, sauer eingemacht

2 kg Preiselbeeren, 1 kg Äpfel, 500 g Birnen, 800 g Zucker, getrocknete Apfelsinenschale, einige Gewürznelken.

Die Preiselbeeren verlesen, waschen und auf einem Sieb abtropfen lassen. Mit siedendem Wasser begießen und ½ Stunde darin stehen lassen, dann abseihen, mit Zucker bestreuen und aufkochen. Die geschälten und in Achtel geteilten Früchte, Apfelsinenschale und Nelken hinzufügen. Auf starker Flamme etwa ½ Stunde kochen, dabei häufig umrühren. Dann die Preiselbeeren in ausgebrühte Gläser mit hermetischem Verschluß füllen. Nicht zu lange gekocht, erhalten sie die Konsistenz von Gelee. – Diese Waldbeeren sind eine ausgezeichnete Beilage zu Fleischgerichten: zu Geflügel, Wild, Jägerbraten wie auch zu Kalbsschmorbraten. Von der polnischen Nahrungsgüterindustrie hergestellte Preiselbeermarmelade wird in viele Länder ausgeführt. Mit geriebenem Meerrettich vermischt, paßt sie ausgezeichnet zu kaltem Fleisch und Wurstwaren.

Krakauer Konfitüre aus Rosenblättern

1 kg Rosenblätter, 1 kg Zucker, Zitronensaft.

Die Rosenblätter, am besten von einer Kletterrose, an einem trockenen, aber nicht zu sonnigen Sommertag, am besten gleich nach dem Regen sammeln. Von den Blättern mit der Schere das Gelbe abschneiden und die roten Teile mit Zukker vermischen. In einer Steingutschüssel mit einem Holzlöffel oder noch besser mit einem Porzellanstampfer zerreiben, mit Zitronensaft beträufeln, damit die schöne Farbe erhalten bleibt. Ist die Masse glatt, die Konfitüre in ausgebrühte Gläser geben, sofort verschließen und an einem dunklen, kühlen Platz aufbewahren. – Diese Konfitüre wird zum Füllen von Pfannkuchen oder Hörnchen aus Blätterteig verwendet. Sie ist besonders in der Gegend von Krakau populär, obwohl sie auch anderswo zubereitet wird. Außer den geschmacklichen Vorzügen ist sie reich an Vitamin C.

Kirschkonfitüre

1 kg Sauerkirschen, 1,5 kg Zucker.

Für diese Konfitüre werden schön geformte Früchte verwandt, sie dürfen jedoch nicht überreif sein, damit sie nicht zu schnell zerkochen. Die Kirschen gut waschen, auf einem Sieb abtropfen lassen, entsteinen, dabei darauf achten, daß die Öffnungen nach dem Entsteinen möglichst klein sind. In einem flachen Emailletopf (die Emaille darf nicht beschädigt sein) ½ Liter Wasser aufkochen und den Zucker dazuschütten. Den Sirup so lange siedend kochen, bis er klar ist, dabei den sich bildenden Schaum mit einem flachen Löffel abschöpfen. Die vorbereiteten Früchte in den heißen Sirup geben und für einige Stunden wegstellen. Dann auf sehr kleiner Flamme wieder zum Sieden bringen, 3 Minuten kochen und erneut für 24 Stunden wegstellen. Am nächsten Tag die Konfitüre wieder aufkochen: Schwimmen die leicht glasigen Früchte jetzt im dicken Sirup, werden sie in ausgebrühte Gläser mit hermetischem Verschluß gefüllt. – Bereits mittelalterliche polnische Quellen erwähnen in Honig geschmorte Äpfel, einen Vorläufer der Konfitüre.

Dörrobst

Es ist ein sehr alter, erprobter Brauch, Obst, hauptsächlich Äpfel, Birnen und Pflaumen, zu konservieren. Äpfel und Birnen werden geschält und in Viertel geschnitten. Pflaumen werden verlesen und gut gewaschen. Das Obst wird an einem sonnigen, staubfreien Platz auf Siebe gelegt oder in der Backröhre getrocknet. Weiches Obst (z. B. Pflaumen oder Sauerkirschen) erfordert anfangs eine Temperatur nicht über 50 °C, weiter wird es bei größerer Hitze getrocknet. Kernobst (Äpfel, Birnen) wird gleich einer größeren Wärme (etwa 75 °C) ausgesetzt. Kernobst muß in luftigen Behältern, am besten in Säckchen aus Gaze oder Leinen, an einem kühlen, trockenen Ort aufbewahrt werden. Es findet die häufigste Verwendung zu Weihnachten, wenn das herkömmliche Kompott daraus zubereitet wird.

Getrocknete Pilze

Getrocknete Pilze sind eine Spezialität der polnischen Küche. Am besten eignen sich dazu Steinpilze, die im getrockneten Zustand ausgezeichnetes Aroma, Geschmack und Farbe besitzen. Aber außer Pfifferling, Hallimasch und Champignon können eigentlich alle eßbaren Pilzarten getrocknet werden. Die (ohne sie zu waschen) vom Sand gesäuberten Hütchen werden in einer dünnen Schicht auf ein Sieb gelegt oder auf dickes Garn, dünnen Draht oder Hölzchen aufgezogen und an einem luftigen Ort aufgehängt. Manchmal werden die größeren Hüte in einige Teile geschnitten. Genauso wie beim Dörren von saftigem Obst werden die Pilze anfangs bei geringer (etwa 40 °C) und dann allmählich bei höherer Temperatur getrocknet. Richtig getrocknete Pilze sind elastisch, und wenn man sie etwas verbiegt, brechen und zerbröckeln sie. Getrocknete Pilze sind eine unerläßliche Beigabe zu vielen Suppen, Soßen und

Fleischgerichten, ebenso werden daraus die traditionellen Speisen zum Weihnachtsabend zubereitet. Man kann sich auch den polnischen Bigos oder Barschtsch kaum ohne einige getrocknete Pilze vorstellen.

Marinierte Pilze

1 kg Steinpilze, Butterpilze oder Hallimasche (sie sollen klein und gesund sein), $\frac{1}{4}$ l Wasser, etwas Essig, 10 bis 20 g Salz, Pfeffer- und Pimentkörner, einige Lorbeerblätter.

Die Pilze verlesen, gut waschen, die Stiele kürzen oder ganz abschneiden. Am besten eignen sich ganz kleine Pilze, die nicht geschnitten werden. Größere Pilze halbieren oder vierteln. Die Pilze in siedendem Salzwasser etwa 10 Minuten kochen, herausnehmen, in einem großen Sieb mit kaltem Wasser überspülen und abwarten, bis sie trocken sind, Wasser, Essig und die Gewürze (1 Messerspitze Zucker nicht vergessen) aufkochen und über die in sauberen Gläsern aufgeschichteten Pilze gießen. Verschließen und 15 bis 20 Minuten bei etwa 90 °C sterilisieren.

Gesalzene Pilze

Die Pilze verlesen und die kleinen von den großen trennen; von den letzteren die Stiele abschneiden und die Hüte in 4 Teile schneiden. Die Pilze in mehrmals erneuertem Wasser waschen und etwa 10 Minuten in mit etwas Essig angesäuertem Wasser abkochen. Auf einem Sieb abtropfen lassen und in ein Steingut- oder Glasgefäß schichten, dabei jede Schicht mit Salz bestreuen (je 1 kg – 150 g), mit einem kleinen Teller (evtl. mit einem Stein) beschweren und an einem kühlen, dunklen Ort lagern. Im Winter kann man aus gesalzenen Pilzen schmackhafte Salate zubereiten oder sie braten und aus der Pfanne servieren. Man darf jedoch nicht vergessen, daß diese Pilze vor dem Kochen oder Braten entsprechend lange gewässert werden müssen, um das übermäßige Salz herauszulösen. Natürlich sind Steinpilze und Reizker am schmackhaftesten.

Saure Pilze

Junge, nicht beschädigte, kernige Pilze, am besten Reizker, aussuchen. Die Stiele abschneiden und mit den Hüten genauso verfahren wie bei gesalzenen Pilzen. Der Unterschied beruht nur auf der Menge von Salz: Zum Säuern nimmt man 30 bis 50 g Salz je 1 kg Pilze, es kommen auch Gewürze hinzu wie Pfeffer, Piment und Lorbeerblatt und bei Pfifferlingen noch 2 Knoblauchzehen. Das Gefäß mit den Pilzen mit einem beschwerten Teller zudecken und bei Zimmertemperatur aufbewahren. Beginnt nach mehr als 10 Stunden die Milchgärung, die 6 Tage dauert, das Gefäß an einen kühleren Ort (8 bis 12 °C) bringen, mit einem sauberen Tuch zudecken und darauf achten, daß die Pilze immer von Flüssigkeit bedeckt sind. Nach 1 Monat kann man aus den sauren Pilzen, aus Zwiebeln und Öl einen Salat zubereiten.

Sauerkraut mit Obst

2 kg Weißkohl, 200 g Möhren, 300 g Äpfel, 300 g Hauspflaumen, Kümmel, 2 Zwiebeln, 2 Eßlöffel Salz.

Den Kohl von den äußeren beschädigten Blättern befreien und zusammen mit dem Strunk möglichst fein hobeln. Das Obst waschen, die Äpfel ungeschält in Scheiben, die Pflaumen in kleine Stücke, die Zwiebeln und die Möhren in Scheiben schneiden. Alle Zutaten mit den Gewürzen mischen und dicht in ein großes Glas oder einen Steinguttopf einschichten. Mit einem beschwerten Teller zudecken. Wenn sich an der Oberfläche Schaum bildet, das Kraut an einigen Stellen mit dem Stiel eines Holzlöffels einstechen und an einen kühlen Ort bringen; mit einem häufig gewechselten Leinentuch zudecken. Als Salat mit Öl oder saurer Sahne auftragen. Besonders gut schmeckt es mit Pellkartoffeln.

Saure Gurken

1 kg Gurken, 2 Eßlöffel Salz, 1 Teelöffel Kümmel, einige Knoblauchzehen, Lorbeerblatt, einige Körner Pfeffer, Koriander und Senfkörner, Blätter von Meerrettich oder Sauerkirschen, trockener Dill.

Die Gurken gut waschen, senkrecht und möglichst eng in ausgebrühte Gläser stellen, zwischendurch die vorbereiteten Gewürze einschichten. Salzwasser aufkochen, abkühlen lassen und über die Gurken gießen. Die Gläser verschließen und an einem kühlen Ort aufbewahren. – Dieses Rezept, das den heutigen Bedingungen in der Stadt angepaßt ist, hat nicht viel gemeinsam mit der ganzen Zeremonie des Einlegens von sauren Gurken. Sie wurden in großen Eichenfässern gesäuert, die vorher tagelang im Teich gewässert wurden, damit sie soviel wie möglich Wasser aufsaugen. Als Zugaben verwandte man Eichenblätter, die wertvolle Gerbstoffe enthalten, Weintrauben, schwarze Johannisbeeren, Blätter und Wurzeln von Meerrettich, Dilldolden usw., und zum Begießen benutzte man häufig von weither gebrachtes Quellwasser. Solange die Gärung nicht beendet war, stand das Faß in der Küche. Erst nachher brachte man es in den kühlen Keller. Während des Winters wurden die Gurken als beliebte Beilage aufgetischt. Eine polnische Spezialität sind die sog. wenig sauren Gurken, die während ihrer Haupternte (im August) genauso zubereitet, aber kurz vor Beginn des Gärungsprozesses gegessen werden, wenn sie halb sauer und noch halb süß sind.

Kornelkirschlikör

Die verlesenen, gewaschenen und abgeseihten (nicht entsteinten) Kornelkirschen in eine große Flasche füllen. Mit Weinbrand begießen und für mindestens 1 Monat an einen warmen Platz stellen. Dann die Flüssigkeit abgießen und über das Obst in der Flasche Sirup (je 1 kg Zucker pro ½ Liter Wasser) gießen, so daß es voll bedeckt ist. Nach einigen Wochen den Sirup abgießen und mit Weinbrand vermischen. Je länger dieser Likör steht, desto besser schmeckt er. – In früheren Zeiten schrieb man diesem Aufgußlikör Heileigenschaften zu, und er wurde in einem geschlossenen Schränkchen aufbewahrt.

Krupnik

100 g Zucker, 1 Vanilleschote, 10 Gewürznelken, 1 Stückchen Zimtstange, 2 Pimentkörner, 2 Lorbeerblätter, fein geriebene getrocknete Apfelsinenschale, 500 g Honig, ¼ l Wodka, ¼ l Weinbrand,

Den Zucker mit 2 bis 3 Eßlöffel Wasser beträufeln, auf die Flamme stellen und hellbraun werden lassen. Die Gewürze und nach einigen Minuten den flüssigen Honig dazutun. Die Masse noch eine gewisse Zeit anwärmen, dann den Wodka dazugießen, aufkochen und vom Feuer nehmen. Den Weinbrand zufügen und das Getränk zugedeckt abkühlen lassen. In eine Steingutkaraffe abseihen. – Krupnik wirkt erwärmend und wird meistens heiß bei Schlittenfahrten und auf der Jagd getrunken.

Rezeptverzeichnis

Suppen

Fleischgerichte

Speisen aus Mehl, Graupen, Eiern und Quark

Speisen aus Gemüse und Pilzen

Fischgerichte

Kuchen

Nachspeisen

Konserviertes

Maßtabelle

	1 Teel.	1 Eßl.	1 Tasse
Salz	5 g	20 g	–
Zucker	4 g	13 g	180 g
Mehl	2 g	10 g	125 g
Grieß	4 g	12 g	140 g
Reis	5 g	18 g	180 g
Kakao	4 g	12 g	150 g
Fettigkeiten	4 g	16 g	–
Flüssigkeit	–	4 = $\frac{1}{16}$ l 8 = $\frac{1}{8}$ l	

Maßbegriffe

1 Prise	= das Quantum zwischen 3 Fingern
1 Messerspitze	= das Häufchen auf einer Messerspitze
1 Schuß	= reichlich 1 Eßlöffel Flüssigkeit
1 mittelgroßer Apfel	= 100 g
1 mittelgroße Zwiebel	= 50 g
1 mittelgroße Kartoffel	= 100 bis 120 g